U0100229

大展好書　好書大展

品嘗好書　冠群可期

大展好書　好書大展
品嘗好書　冠群可期

武術特輯

143

岳氏
八翻手

附VCD

劉篤義 著

大展出版社有限公司

　　劉篤義，1938年生，山西平
遙縣人。幼年喜愛武術，9歲時便
跟小學武術老師學練長拳。18歲參
軍期間學中國式摔跤。21歲轉業到
太鋼工作，曾先後跟王新午之弟子
——郝學儒、薄應遴、李雲龍、王
錦泉四位老師學練岳氏八翻手、太
極拳、形意拳和八卦掌等。

　　現任太原市萬柏林區武協主
席、太原市形意拳協會副主席、太
原市太極拳推手協會副會長、太原
市武術協會常委、山西省形意拳協
會常委。多年來從事武術普及、教
學、健身活動，譽滿三晉。

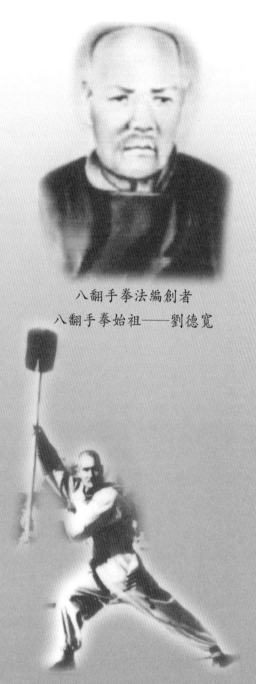

八翻手拳法編創者
八翻手拳始祖——劉德寬

八翻手拳傳承人、武術名家
八翻手拳大師——郝學儒

郝學儒大師練功照

八翻手拳傳承人、武術名家　　　　八翻手拳傳承人、武術名家

八翻手拳大師——薄應遴　　　　　八翻手拳大師——李雲龍

李雲龍大師八翻手功架照

八翻手拳傳承人、武術名家
八翻手拳大師——王錦泉

王錦泉大師94歲練功照

劉篤義練功照

劉篤義練功照

八翔形神蘊奧妙

傳承武藝壯人生

庚寅年重陽 王民

承啓傳統武術文化

弘揚中華民族精神

当代中華武林百杰

張希貴

賀岳民八秩年畫冊面世

著書立說千古事
言傳身教為吾師

苗棣林敬題
二〇二〇年仲秋於晉陽

賀岳氏八翻手完善出版

傳統武術文化再現精華

山西大學 武術中心主任 杜振遠

刘笃仪武友 拳书出版 恭喜祝贺

真善美 相统一的武术

使人更强 更健 更巧 更准 更美

车式形意拳门人 车向前

二零一零年十月

车向前印

先師序

——王錦泉《岳氏八翻手拳法》序言

岳氏八翻手，這一技擊性強、健身效益顯著的拳法，至今能在山西流傳，尤其太原附近，習練者十分普遍，此乃先師新午王華杰老先生之功也。

老先生山西汾陽縣人，幼年多病，父母憂之，晨夕教以運動，始八歲即授以長拳，習跳躍，久之體漸強，逮志學之年，游金台，從京兆許禹生，東北紀子修、吳鑒泉諸老前輩受太極十三式，又從河北衡水劉恩綬殿升老前輩學岳氏八翻手。其法由岳氏散手而來，為清光緒間大槍劉敬遠德寬公所編創，傳為少林嫡系。恩綬老前輩為敬遠公之高足，功行精邃，名盛一時。八翻手為岳家散手之精華，復經諸老前輩數十年之研求，參以太極拳剛柔相濟之精義，健身致用，綽有餘裕。

先師在太原政界供職，業餘之暇致力於武術事業，辛勤競業，不遺餘力。約在1930年，老先生先後於文瀛湖畔、首義街青年會院內成立了國術操練場和國術促進會，各縣區鎮也紛紛成立了國術館，習武練功者風起雲湧，盛極一時。

國術促進會邀集了三晉各拳派名師，教拳傳技，曾多次組織過楊氏太極拳、岳氏八翻手、其他拳種及雙手代等

多期短訓班，以推廣普及武術運動。參加人數每次都多至數十百人，因之八翻手在山西太原地區一直有傳授和堅持鍛鍊者。當此武術挖掘整理空前發展之際，將這一動作簡練、手法巧妙、變化多端的拳種編整成冊，以期發揚光大。

　　在編寫之中，由於時間短促，理論水準有限，實踐知識又很淺薄，濫冗貽誤，實所難免，但為了這一拳種不致湮沒失傳，願作拋磚，深望廣大讀者與武術界前輩指正，至所欣幸。

山西太原　王錦泉

自 序

　　岳氏八翻手，是一源流明晰，理法系統，風格獨特的優秀拳種。自前賢新午王華杰老前輩編述出版岳氏八翻手上八翻拳譜一書後，社會上始有岳氏八翻手這一優秀拳種流傳。

　　1986年，當武術空前發展之際，王新午先生之弟子王錦泉老師，繼而編輯出版了《岳氏八翻手拳法》一書。書中將八翻手之上八翻、中八翻、下八翻公示於眾，又使八翻手這一優秀拳種，達到了空前普及與發展，特別是在山西太原地區，習練研究八翻手的人越來越多。

　　王新午先生在其八翻手一書結束語中寫到：「凡我同志發明而光大之，此餘昕夕禱祝者矣。」王錦泉老師編著的《岳氏八翻手拳法》一書，為推動群眾性武術健身運動，繁榮我國的傳統武術事業，作出了積極貢獻。然而岳氏八翻手拳法，原有八翻，每翻各有八路，故名八翻手。王新午先生，只編述出版了一翻，即社會上流傳的八翻手，俗稱上八翻，其餘的只在其門人中流傳。

　　至王錦泉先師編輯出版了八翻手拳法——一八翻、二八翻、三八翻，俗稱上八翻、中八翻、下八翻一書後，社會上才有了三趟八翻二十四路拳法流傳。還有五趟八翻四

十路拳法尚未面世。前輩因珍惜之，故只在門內習練。

王錦泉先師在其《岳氏八翻手拳法》一書跋文中寫到，「將陸續整理岳氏散手三百六十手、太極拳散手，編寫成冊付梓，以廣流傳，以完先師生前未酬之志。」但先師王錦泉生前未能親自出版，深為憾事！

我曾從師郝學儒、薄應遴、李雲龍、王錦泉四位先師學藝，四位先師都是王新午老前賢之高足。我從四位先師所學重點，是太極拳法、岳氏八翻手拳法。數十年如一日，承蒙先師耳提面命，巧譬善導，得益匪淺。

諸先師教誨之恩無以為報，只有竭盡精力，將諸先師未酬之志，整理成冊，梓行以廣流傳，以期發揚光大，效益於廣大群眾健身致用。但由於我理論水準低，實踐知識差，書中錯誤之處實所難免，深望廣大讀者與武術界前輩同仁指正，至所欣幸！

劉篤義

例　言

一、本書為了將岳氏八翻手這一技擊性強、健身效益顯著，而又動作簡練，且適應男女老少各種年齡的人健身之用的拳法，整理成冊，為學校、機關、社會團體及部隊集體健身演練之武術教材參考使用，並為武林同道研究拳法精義而拋磚引玉，總期發揚光大，繼承下去。

二、本書一翻手八路所述拳義與應用方法，謹遵前賢新午王華杰老前輩遺著《岳氏八翻手》拳法原姿勢，未敢增刪，以存其真，只由原繪圖改作影示。

二翻手八路與三翻手八路之拳義應用要領、動作說明等，均謹遵先師王錦泉遺著《岳氏八翻手拳法》原錄，未敢增刪，以存其真，原姿勢由繪圖改作影示。

三、本書其餘五趟八翻手四十路之拳義與應用要點，是由郝、薄、李、王四位先師所傳綜合整理，就各路姿勢圖示解說，為學武之初步，神明變化，存乎其人。

　　四、本書先後編寫時，有同門史聚德、薛文江、梁保才、王連恒、許合林、程建華、劉瑞青、劉素貞、張瑞蘭協助演練、錄影；有劉俊芝、陳玉鎖、李全保、韓永勝、張冬生、梁兆明、王作俊、聶連軍、任向睦、滕軍、高永生、顏景山、董翰斌、崔電勇、韋天明、趙慈、高本學、林建平、任曉原、殷炤、魏征、劉之清等分別擔任繕校、演練、攝像支持與幫助工作。特書於此，用志不忘。

目　錄

先師序 ··· 13

自　序 ··· 15

例　言 ··· 17

第一章　八翻手拳法概述 ································· 21

　一、八翻手之源流及流派 ···························· 21

　二、八翻手之優點 ······································ 23

　三、八翻手之特長 ······································ 24

第二章　八翻手之基礎 ································· 25

　一、八翻手之拳型 ······································ 25

　二、八翻手之拳法 ······································ 25

　三、八翻手之掌型 ······································ 27

　四、八翻手之掌法 ······································ 27

　五、八翻手之步型 ······································ 28

　六、八翻手之步法 ······································ 29

　七、八翻手之腿法 ······································ 31

　八、八翻手之身法 ······································ 33

第三章　八翻手之捋手 ································ 37

1.鎖捋手 ································ 38
2.雙捋手 ································ 39
3.刁捋手 ································ 40
4.拗步捋手 ································ 40
5.順柔捋手 ································ 41
6.倒捋手 ································ 41
7.攔捋手 ································ 42

第四章　八翻手動作圖說 ················ 43

第一節　鍛鍊步驟及注意事項 ········ 43
第二節　套路動作名稱及圖說 ········ 45

第五章　八翻手之理與法 ··············· 213

一、意與勢 ································ 214
二、氣與勁 ································ 214
三、行功之法 ································ 217

第六章　八翻手之輔助功法 ··········· 221

一、內壯功法—熱身功 ················ 221
二、外壯功法—肢體功 ················ 225
三、實際應用法 ································ 230

第一章

八翻手拳法概述

一、八翻手之源流及流派

八翻手，中國傳統拳術之一，傳為少林派嫡系。一名岳氏連拳，又名子母拳，子母連拳。古譜傳曰：「子母連拳上下翻，穿撐裏橫有展掩。」又曰：「一打子母緊相連，二進八快手肘膝。」

相傳此拳為宋代岳飛得散手法於麗泉山僧。其初僅九手，其中上盤三手，中盤四手，下盤二手，左右互換，皆為散練手法。後來逐漸發展，每手各演化為二十手；更分左右衍為三百六十手。

其步型，多為側身半馬步。步法多以足尖由外、弧形向內勾盤進步。名曰：鉤腿盤旋法。因其皆為散手練法，後人名之曰：岳氏散手。

此拳，主要流傳在中國北方各省，以北京、河北保定、博野等地，及山西太原，最為廣泛；陝、甘、寧、青四省亦有流傳。由於地域及流傳不同，內容也不盡相同。

北京流傳的八翻手，大約是在清朝末年興起的。清同光之際，有雄縣劉仕俊先生，得其真傳，授徒於北京護軍營。計有一百八十手，名岳氏散手。其弟子滿洲紀子修，精散手及太極。後有大槍劉德寬慕此拳，遂拜在劉仕俊門下學習，頗有造詣。大槍劉德寬授徒許禹生、劉恩綬等人。

　　由於此拳手法繁多，且雜，不易記憶領會，劉德寬前輩便潛心研究，變繁為簡，將三百六十散手，還原為原法九手。擇其精華歸納為八法：（1）攻防並用法；（2）正面捋打法；（3）撇身鑽打法；（4）擒鎖靠打法；（5）捆拿摔踢法；（6）捆鎖擠擲法；（7）截拿捆打法；（8）封手掩打法。每法折翻八路，名岳氏八翻手。

　　後來劉恩綬等人，又嫌其缺乏縱蹦跳躍，靈活多變的內容，因此，又吸取其他拳術的長處，屢經改編，最後形成一種靈活多變，矯健輕捷的拳術，亦稱少林拳，從原來的八法變為六趟，用六個字來代表，曰一進、二退、三拳、四攔、五摔、六打。

　　該拳重在實用，不講究形式外形動作。其特點和要求是：走要迅速如風，站要穩固似釘，進要似利箭穿革，退要剛毅穩健。又要求：眼要明，手要快，項要挺，頭要頂，腹要實，胸要空，肩要沉，肘要墜，發勁要猛，足要蹬，共十四要。進退閃展靈活自然，不拘形式，如猛虎，似蛟龍，氣勢磅礴，變幻莫測。

　　流傳在山西的岳氏八翻手，主要是王新午先生所傳。王新午，山西汾陽縣人，約在 1920 年左右，拜劉恩綬為師，學練岳氏八翻手；並受紀子修、許禹生等人教澤，造

詣很深。1930 年，王新午先生在太原創立國術操練場和國術促進會時，曾多次舉辦岳氏八翻手拳法訓練班，廣泛推廣普及此拳法；同時，編撰出版了《岳氏八翻手》一書，從其學者甚多。王新午先生所傳的岳氏八翻手拳法，尤為獨特，它參以太極剛柔相濟之精義，健身致用，綽有餘裕。現山西廣泛流傳的八翻手，為上八翻，即第一翻攻防並用法，折翻八路為一路挣捶式，二路進退連環式，三路撇身捶式，四路葉裡藏花式，五路仙人撐舵式，六路霸王捆豬式，七路二龍戲珠式，八路擺肘壓打式。

王新年先生在其編述八翻手一書源流中寫到：「此拳尚有中八路、後八路及敬遠公同年查君所編之夫子拳，皆發源於岳家散手。茲先取此拳，以法編述。」

其後王新午等人，恐岳氏散手、三百六十手之失傳，1986 年，王新午弟子王錦泉先師，編輯出版了《岳氏八翻手拳法》中的上八翻、中八翻、下八翻，即一、二、三趟八翻手共二十四路，尚有五趟八翻手、四十路沒有傳出，只在門內相傳。

二、八翻手之優點

1. 八翻手拳法，簡而易習，樸實無華。經諸先輩數十年之苦心研究，參以太極剛柔相濟之精義，著勢與呼吸密切配合，形成了式路簡單，內外統一協調，動作平和，助人體之自然發育，左右互練無偏顧之弊的運動優點，適合各年齡之生理運動，久練則體力無形增進，轉弱為強，神

經敏捷，智慧日增。

2. 此拳講究技擊運用，招式舒展有度，技擊方法清晰，勁力順達，靈活多變，又連貫協調，剛柔進退，變化神奇，可玩敵於股掌之上。每路動作，捋手當先，尤為獨到。其他招法，連續變化，神妙莫測。總括言之，凡捋、打、擒、拿、推、按、攔、截、肘、靠、滾、壓、捆、鎖、擠、擲等法，無不應有盡有，包羅豐富。

3. 在教練方面，個人、團體均所適宜。雖以口令操練，而不影響其應用上之精神及作用，動作整齊雄壯，尤為特色。

三、八翻手之特長

凡各種拳術均有其特長，如太極拳之長於柔化，形意拳之長於勇速，八卦掌之步，譚腿之腿，長拳之敏捷縱跳等，皆各有其獨到之處。八翻手之特長有：

1. 專為搏擊敵人之要害。

2. 多為毀傷敵人之四肢。其用於制勝者為掌與拳，其主要手法為捆與拿，必制敵於死命，不容其有絲毫抵抗之間，而我可策萬全，有一傷、二殘、三致命之說。

3. 其身法剛而有應變之能；其步法有三十六明腿、七十二暗腿，處處勾腿盤旋法，或上制敵手，或下制敵步。每路動作以捋手當先，尤為獨到；其他招法，則千變萬化，可隨心所欲。

第二章

八翻手之基礎

一、八翻手之拳型

1. 點擊拳

四指緊蜷，以大拇指堵壓拳眼，但大拇指不得突出食指之中關節以外。腕與拳均須平直，不仰腕與彎拳。發拳時拳眼向上。

2. 截擊拳

五指蜷曲握緊，拇指壓於食指、中指的第二關節上，拳面要平。

二、八翻手之拳法

1. 沖　拳

拳從腰間旋臂向前快速擊出，力達拳面。

2. 劈　拳

拳由後向上向前下快速掄劈，臂宜伸直，力達拳輪。

3. 撩　拳

拳自下向上直臂撩擊，力達拳眼或拳尖。

4. 貫　拳

拳從側下方向上弧型貫擊，臂微屈，拳眼斜向下，力達拳前端。

5. 栽　拳

臂由屈到伸，自上向下或向前下栽擊。速度要快，臂伸直，力達拳面。

6. 砸　拳

臂上舉，而後屈臂下砸，拳心向上，力達拳背。

7. 橫　拳

直臂自側面向前平掃橫擊，拳心向上，力達拳眼。

8. 鞭　拳

雙拳直臂或屈臂，用拳背向前後鞭擊，力達拳背。

三、八翻手之掌型

1. 掌　型

五指微屈，自然併攏，掌心微含，虎口成弧形，手指不可僵直也不可過於彎曲。

2. 勾　手

五指撮攏屈腕裡勾。

四、八翻手之掌法

1. 撲面掌

五指微屈，自然併攏，掌心向外，指尖斜向側，成橫掌撲抹，手、腕、臂稍彎曲，成弧形，力達掌心。

2. 撇面掌

五指微屈，自然併攏，掌心向裡，指尖傾斜向上。屈肘仰臂，肘尖下垂，力達掌背及小臂外側。

3. 橫攔掌

四指自然伸展，大拇指勾屈，虎口合攏，掌心斜向上，手臂由異側平胸向同側揮臂橫擊，掌背或掌外沿向

前，以腰為力，腰隨臂轉，力達掌背或掌外沿。

4. 摜耳掌

五指微屈，自然併攏，指尖向前，掌心斜向裡，力達小指側外沿及掌根。

5. 探　掌

俯掌經胸前或口前，向前上方迅速探伸，臂微屈，力達指尖和掌根，亦名印掌。

五、八翻手之步型（靜止時下肢的姿勢）

1. 乘騎步

兩腿分開略寬於肩，兩膝微向裡扣，屈膝下蹲，如騎馬時兩膝內扣夾馬相似，收腹提肛，臀不外翻，重心在兩腿之間。

2. 丁八馬步（亦稱樁步）

兩腿前後分開，屈膝半蹲，小腿垂直，大腿與地面平行。前腳尖向前微向裡扣，後腳尖橫向外展，上身正直，不前栽後仰、左偏右倚。

3. 虛　步

後腳斜向前，屈膝半蹲，全腳著地，前腿微屈，腳尖

虛點地面。

4. 歇　步（亦叫剪子股）

兩腿交叉相疊，屈膝下蹲，前腳全腳著地，腳尖橫向側前；後腳跟離地豎起，腳尖裡扣斜向前。此步型在八翻手套路中有高低兩種，高的即剪子股，低的即同長拳中的歇步。

5. 形　步

兩腿稍屈，前後兩腳約距一腳半，重心偏於後腿，其形如符號中的《字，名之「《」字步。

6. 拗　步

異側手腳在前即為拗步，前腿微屈，膝不前頂，後腿膝稍挺，但勿過直，前腳尖向內扣，後腳尖略向側擺。

六、八翻手之步法（下肢在運動中的方法）

1. 盤旋步

前腳繞內圓弧外擺前踏，後腳隨即繞外圓弧向前進步，腳尖裡扣，重在鉤扣敵腿。

2. 進　步

在前之步向前邁進，後步隨之跟進，曰進步，用於緊

逼敵人。不及上步時，身稍卸而步即進，是以退為進也。

3. 上　步

前步不變或進半步，後步向前邁進一步，後腳落在前腳前，謂之上步。

4. 跟　步

前腳進一步或半步，後腳隨之跟進，落於前腳後側，謂之跟步。

5. 撤　步

前步向後撤退，後步隨之撤退，謂之撤步。

6. 卸　步

後腳向後斜撤一步，前腳隨之向側方撤卸一步，落於後腳內側，重心落於後腿，謂之卸步。

7. 並　步

兩腳平立為並步。如霸王撐舵式之並步抄腿即屬此步。

8. 擺　步

一腳前移落步時腳尖外擺，謂之擺步。

9. 扣　步

向前上步落腳時腳尖裡扣，謂之扣步。

10. 蓋　步

一腳經另一腳前橫邁一步，兩腿交叉，謂之蓋步。

七、八翻手之腿法（下肢進行攻擊的方法）

1. 戳　腳

支撐腿微屈站穩，另一腿屈膝提起，腳尖上勾外展，向前上迅速用力鏟踹，高在膝蓋，低在脛骨，力達腳跟腳心之間，用以點、截、挫之法。

2. 踢　腳

支撐腿微屈站穩，另一腿屈膝提起，腳尖上勾，著力腳掌向前踢出，同時腳尖前點，腳面繃平，高在敵腹低在敵襠，用以蹬、點之法。

3. 蹬　腳

支撐腿微屈站穩，另一腿由屈到伸，向前猛力蹬出，腳尖向上，高與腰平，力達腳跟。

4. 踹　腳

支撐腿微屈站穩，另一腿由屈到伸，腳尖勾起並內扣、或外展，腳底猛力踹出，高在腰肋，低在膝平。

5. 分　腳

支撐腿微屈站穩，另一腿屈膝提起，然後小腿上擺伸直，腳面繃平，腳尖向前，力達腳面，高過腰部。

6. 外擺腳

支撐腿微屈站穩，另一腿從異側踢起經面前向外作橫向擺動，腳面繃平，高在胸腹，低在襠膝。

7. 裡合腳

支撐腿自然伸直站穩，另一腿從體側踢起，經胸前向裡作扇面擺動，擊敵胸背，力達腳掌。

8. 踩　腳

支撐腿微屈站穩，另一腿屈膝提起，腳掌用力下踩，高不過膝。

9. 勾踢腳

支撐腿微屈站穩，另一腿腳尖勾起，腳跟擦地向異側勾踢出，高不過膝，力達腳腕處。

10. 撞　膝

支撐腿自然伸直站穩，另一腿用力向前上屈膝頂撞，腳尖上勾。

11. 撞　胯

一腿橫向邁一大步，另一腿隨之跟進，擺胯用力衝撞。

八、八翻手之身法（牽引手步以進退反側之能）

前賢師訓諄：「論拳法者，不能捨身法而言手步，亦不能離手步而專言身法，以身法者所以輔手步以成其用，而其妙則非手步所能及者。臨敵致用，全持身法牽引以進退反側。若身軀直立，徒舞蹈其手足者豈有身法可言。力由脊發，步隨身換者是也。而重在一近字，近則非專持手步所能為。練習身法，以推手術為最效，其法繁多，須即時即勢以言之，不易形諸筆墨。身法者，手、眼、身、腰、步五體合法之總稱。」

1. 起　身

仰之彌高，非但言手法之，身法尤重要。其要在項勁上提，脊骨具有彈性。如挣捶式之伸腰分展。

2. 伏　身

敵力下行，我隨之而俯，所謂俯之彌深，其要在粘依機警。如迎風挫臂式。

33

3. 進 身

步不進而身法進以欺敵，使敵失其重心，謂之進身。如抬頭望月式。

4. 蹲 身

屈膝下蹲，以備起發，有蓄進待發之意。各種腿法皆蹲身曲蓄以致用。

5. 翻 身

折疊身軀變易方位，謂之翻身。

6. 披 身

側身半伏，如披衣狀，避敵強硬之力。如披身踢腳是也。

7. 擰 身

扭轉身軀蓄而待發，謂之擰身，或用疊步，或用合步。如掙捶式之擰身坐步是也。

8. 靠 身

以身法擊敵，名曰靠身。所謂肩靠胯打之類是也。

9. 貼 身

緊貼敵身，使之無法避制吾力，名曰貼身。其要在一

「近」字，遠則不足致用。如貼身靠打之類。

10. 閃　身

避敵力之直線而側閃身軀，一閃即進，至靈至速，與遠躲預避者不同。如採挒時多用之，其妙不可具述。

身法在武術中，為名至繁，不論什麼拳種，都要求很嚴。因為它可以正確姿勢，順達勁力，所以身法在武術中特別重要。實則八翻手身法之玄妙，已極超越，以其為近身而用之法，變化至多，包羅富有，誠無法以名之。是必實際實驗，非空談可得，日從事於鍛鍊，好學深思者，當豁也。

為達到進退攻防，變化神奇，隨心所欲之境地，更需要注重身法要領。

（1）**頭頂項豎，鬆肩垂肘**

頭為全身之主，頭正則精氣貫頂，精神振作，動作敏捷，無遲重之虞；但必須鬆沉自然，勿使項挺僵硬，以致周身動轉呆滯不靈。

（2）**虛領頂勁，含胸拔背**

由於頭部向上頂，腳部向下沉，使脊背有上下互拔之勁，加之兩肩鬆沉，肩窩後吸，胸部內含，肘下垂，幾個部位的聯合動作，可使周身發出上拱前攏之勁，並易使氣沉丹田，動作沉穩紮實，下盤穩固，渾身完整一致。但含胸不可凹胸弓背。

（3）**收腹提肛，鬆腰塌胯**

拳術中不論動作的靈活敏捷，或是身法之順達中正，

其主宰在腰。如不得勢，腰腿求之。若是前栽後仰，臀部外翻突出，這不僅是沒有收腹提肛，且腰也沒有鬆開。因之每一舉動，都要注意收腹提肛，鬆腰塌胯，使腰脊和尾閭中正，促進含胸拔背，氣沉丹田，全身貫通，出招發勁就自然運用自如了。但切勿過分收提，而造成呼吸緊促，胸腔悶脹，下盤失根。

第三章

八翻手之挒手

八翻手拳法挒手當先，挒手法是八翻手拳法中之基礎功法，亦基本招法，皆應單獨演練精熟，而後皆應兩人相互做挒手之演練。此門挒手功法練精後，拳內其他招法，可隨心所欲，應用自如，可達拳法即我，我即拳法之境。八翻手拳法，挒手有七。其名稱有：（1）鎖挒手；（2）雙挒手；（3）刁挒手；（4）拗步挒手；（5）順柔挒手；（6）捯挒手；（7）攔挒手。分述如下。

旗鼓勢，亦即預備勢。

人之常態自然站立，並步、便步皆可。設敵突然直拳向我頭、胸部擊來，我即左腳向左後閃移半步，右腳隨之後移腳尖點地成右虛丁步。同時，右手由前向後挒手至右胯側前，掌心向下；左手由左向右肩前攔挒，掌心向右（圖3－1）。此為右旗鼓勢，左勢與此相同，唯動作方向相反。略述。

圖 3 － 1

旗鼓勢是八翻手之預備勢，凡與敵交手開勢多用此勢法。左右互換，靈便活用。

1. 鎖挒手

是八翻手拳法的基本挒手法，內含攔、拿、鎖、挒、撅等多種招法應用，通常應單獨突出練習。其動作如下說明。

（1）接上勢旗鼓勢。右腳向前進一大步，左腳隨即跟進半步，兩膝微屈下蹲，成側身半馬步，亦稱樁步。同時，右手由胯前向上向前逆敵之勢接敵手臂，掌心向左，如太極之掤手（圖3－2）。

（2）接上勢不停。右手臂外旋，掌心向下半握拳，挒拿敵手腕處，向右下方挒鎖，左手同時由肩前下滑移至右臂肘上方附近（圖3－3）。

圖3－2　　　　　　　　圖3－3

此為右鎖捋手，左鎖捋手亦同此法，唯動作左右方向相反。

2. 雙捋手

雙捋手是用我雙手同時捋敵之一臂，向後側下方用力，使敵栽倒，如太極拳之大捋勢。其法動作如下說明。

（1）接右鎖捋手後，我左手同時捋拿敵肘節處，或小臂下方近腕處，雙手同時用力向右下方捋至雙手接近地面。

（2）同時，左腳後撤一步，右腳隨即跟撤一步，兩腳近併，兩膝屈膝伏身下蹲，與兩手捋力整齊一致，敵必栽倒（圖3－4）。

此為右雙捋手勢，左勢與此相同，唯左右方向相反。

圖3－4

3. 刁捋手

　　刁捋手通常多用盤旋步，亦稱盤步刁捋手。其動作如下說明。

　　接上勢旗鼓勢。右腳向左前盤旋上步，腳尖外擺。同時，右手由右向前上方掤接敵來手，而後右臂腕外旋，刁捋敵手腕處，此為右刁捋手（圖3－5）。

圖3－5

　　左刁捋手與此相同，唯方向相反。

4. 拗步捋手

　　拗步捋手又分閃拗步捋手、退拗步捋手，其法相同，臨敵時應勢靈活應用。其動作如下說明。

　　接上勢右旗鼓勢，左腳向左前方上步。同時，右手由下向前上方掤接敵手，並翻手下捋敵腕。左腳在前，右手捋敵手腕，成拗步捋手（圖3－6）。

　　此法左右相同，唯方向相反。

圖3－6

5. 順柔捋手

凡從敵臂內側捋之為順柔捋手。其動作如下說明。

接上勢右旗鼓勢，右腳前進一步，後腳可滑跟成樁步。同時，右手由下向前上方挪接敵臂，翻手順敵臂內側捋下至敵腕內側（圖3－7）。

此法左右相同，唯動作方向相反。

圖3－7

6. 捯捋手

兩手不住倒換捋敵手臂為捯捋手。

接上勢旗鼓勢，左手攔捋敵腕，右手捯捋敵肘部，同時，釋左手再捯捋敵大臂，將敵右臂夾在我左腋下謂順腋夾，相反謂拗腋夾。同時，左腳前進一步，重心落於兩腿，兩膝微屈成左樁步（圖3－8）。

此法左右相同，唯動作方向相反。

圖3－8

7. 攔捋手

凡敵直擊我時，應即先格攔後捋拿，兩手不分左先右後，謂之攔捋手。其法動作如下說明。

接上勢旗鼓勢。設敵以直拳向我胸頭部擊來，我即以左手向右攔捋。同時，左腳向前閃進一步。右手也隨即向左攔捋，雙手捋拿敵腕合力下按敵臂至跨前，成左椿步捋手勢（圖3－9）。

此法左右相同，唯動作方向相反。

圖3－9

第四章

八翻手動作圖說

第一節 鍛鍊步驟及注意事項

八翻手拳法式路短小精幹，動作簡單樸實，易學易記，但勁力、剛柔、身法、步法卻不易掌握，故需分段練習掌握。第一階段是基礎階段，第二階段是鞏固階段，第三階段是提高階段。

一、鍛鍊步驟

1. 基礎階段

在初學階段，首先要掌握姿勢與基本動作要領，做到動作舉止合度及勢法中正，以培養耐力、速度、柔韌等身體素質為主。練習時要一招一式掌握要領和正確姿勢，反復練習以達增強體質，堅實體魄精神之目的。

2. 鞏固階段

此階段為套路的連貫演練，使動作更加熟練、協調、正確，整體姿勢舒展自如。要有連綿不斷的氣勢，突出周身的完整性。以極端開展、沉著有力為主，以達暢發筋

肉、堅固骨骼、有力如虎、身健膽壯之目的。明確招式攻防含義及變化，可以致用。

3. 提高階段

此階段為借著用勁，掌握八翻手拳法的各種勁法。要求姿勢緊湊含蓄，內勁剛而不發，拳中著勁，動則有意，意到勁發，勢換勁連，快慢自如，步穩身靈，節奏協調，剛柔相濟，招式勁力自然恰到好處，以達勢、意、氣、勁一動一靜之微，變化莫測。

總括言之，凡學武練功之人必須先將基礎築好，要一招一式明白應用，以求一勢之著熟，再求勢勢之著熟，由熟練到精練，逐步發展逐步提高，對每一階段之要求要領，傾心領悟，持之以恆。不可一曝十寒，時輟時斷，所謂一日練一日功，一日不練十日空，並非誇張也。漫道添功如添線，月臨十五自轉圓。學武練功者，要立志成才，信心百倍地耐心刻苦堅持下去，悉心鑽研，探索精微，以至招法變化隨心所欲。

二、注意事項

1. 循序漸進，逐步提高

無論練習何種拳法，切不可貪多、求快，不求甚解。練拳之年數雖多，而不明用意者，謂之盲練。除健身而外，別無功行之言。若姿勢動作長期不正確，這不僅費時誤功，同時身體機能也難以得到改善，武功技藝更難提高。

2.因人而異，適當鍛鍊

八翻手拳法雖動作迅速，剛堅有力，實踐證明適合各個年齡之鍛鍊。但在鍛鍊時則須因人而異，分別對待。青壯年體質健壯，精力充沛，在掌握動作要領後可按要求進行練習，發放明勁，力稍剛點。而老年體弱與兒童、婦女和有慢性病者，動作要緩和，進度要慢，不打剛勁，鍛鍊時間短些，循序漸進，經過一段時間，體質強壯後，再逐漸增加鍛鍊內容和加強運動密度與強度。

3.呼吸要順手自然

八翻手拳法動作迅速而剛健有力，因之練習要符合動作要領，如招式起落、步法進退、肢體伸束，均須鬆胸實腹，呼吸自然，配合動作，不可憋氣、努氣，勢法就深沉有勁。

第二節　套路動作名稱及圖說

一翻手

攻防並用法八路，俗稱上八翻。其動作名稱：

第一路　抱拳挓捶式
第二路　進退連環式
第三路　撇身捶式
第四路　葉底藏花式
第五路　仙人掌舵式
第六路　霸王捆豬式

第七路　二龍戲珠式

第八路　擺肘壓打式

一翻手八路動作圖說如下：

第一路　抱拳掙捶式

【釋　名】

此路是以抱拳、掙捶主要動作組合而成，故名。

【預備式】

預備式為拳路開始之先，振作精神，喚醒注意，準備動作。所有拳路開始動作，都要先做此式。本拳如分路練習，必須先做預備式；如連續練習，則只在第一路開始時做，餘不再做。其動作如下說明。

1. 身體直立站好，兩腳併攏，兩臂自然下垂，停立片刻（圖4－1）。兩手握拳，抱於兩腰側，拳心向上。頭上頂，額微內收，目視前方30步外（圖4－2）。

圖4－1

圖4－2

2. 左腳向左跨半步，與肩同寬。兩拳作掌下按，手指向前，掌心向下。胸稍內含，氣沉丹田。兩腳用力著地，兩手力注指端（圖4－3）。

【要　點】

預備式須凝神靜氣，集中精力，有應變之意。

圖4－3

一、抱　拳

抱拳一式，為了初學者易學易記，容易掌握，分為兩個動作，兩臂上舉為一個動作，兩手抱拳為一個動作。待練習純熟後，再合為一個動作，於此先作說明，以後各式類此者就不再贅述。

1. 接上勢。右腳向左並步。同時，兩臂由兩側靠攏至腹前，經胸、面直向上舉起，兩掌心向後，小指相對，五指微屈併攏，大拇指屈貼於食指下（圖4－4）。

2. 接著兩掌變拳，由上向下屈臂沉肘，拳心向裡置於胸前，拳高與鼻相齊，兩小臂相距約一橫拳遠。同時，左腳向左開步，下蹲成乘騎步，兩腳尖兩膝均向裡扣，收腹提肛，脊骨豎直，

圖4－4

兩眼向前平視（圖 4－5）。

【要　點】

此式兩腳須用力著地，不稍
動搖，姿勢要平直中正，運用腰
脊之勁，使力達兩拳，含蓄待
發，準備進擊。

【應　用】

凡遇敵手擊我胸、面部，均
可用此式向左右格攔，或合截其
臂及腕關節，稍著即發，繼以進

圖 4－5

攻，勢甚靈敏。此式尚有一招，即如我被敵連兩臂由後攔
腰抱住，我將兩臂由下向上屈肘抱拳，同時身體下蹲，臀
向後撅，以尾閭猛向後撞；在撅臀的同時，要兩肩前合，
兩腋後吸，與屈肘抱拳形成一個撐撅之勁，敵輕則仰跌而
出，重則恥骨裂而重傷矣。

二、拗步擰身

接上勢。上身向左轉約 180 度，
兩腳附地左扭，使兩腿交叉，右膝
抵住左腿彎處，勢稍下蹲，兩腳成
丁字形，左腳全腳著地，右腳掌著
地後踵蹺起（滿腳著地亦可）。同
時，兩拳隨轉體向左、向上舉起，
置於頭部左上方，拳心向裡。目視
前方（圖 4－6）。

圖 4－6

【要 點】

當扭身時,腳力上提則扭轉輕巧靈活,尤須上下相合用力平均。兩腳著地要穩固不搖。綿密緊湊,配合一致,抱拳束肩,兩肘前撐,平圓旋轉。拳高與頭平齊。用勁不得有過之與不及。

【應 用】

敵拳或掌若當胸擊來,我即由外向前以兩臂攔格其手下壓,或以兩臂猛力截擊;同時擰身吃住敵臂,進逼敵身。唯吃敵臂時,前手應緊壓敵之上臂中間,將其臂壓貼其身,使其不能得力;我後臂搭壓其小臂,準備發招,如弓之引滿待發也。

本路各招,皆主守中有攻,第二路至第八路多主攻中有防。如此式之擰身,意在逼敵而破其來攻之手,變化甚多。如左手被敵拿住,我即順勢後撤左肘,向左擰身,隨即以左腕下壓敵腕,以右拳擊敵肘關節,敵必負痛撤脫。左右應用相同。太極拳之手揮琵琶式有此化勁。

三、拗步下截挣捶

1. 由上勢,身向左擰的同時勢下坐。兩拳由上向下猛擊,落於腹前,拳心向上(圖4-7)。

2. 接著後腿蹬勁,前腳踩勁,身體向上舒伸。同時,兩拳由下向上、向左右兩側擊出,左拳向後,右拳向前齊發,前臂勿過直要稍屈,後臂略斜向左側,高與肩齊,拳眼均向上(圖4-8)。

圖4－7　　　　　　　　　圖4－8

【要　點】

兩拳分發時腰脊起立，全體存下沉之意，全神注視敵之變化，準備應付。腕與拳須平直，不得仰腕彎拳。

【應　用】

在搭壓或截擊敵臂時，順勢以右拳擊敵胸肋。凡遇敵臂被我搭壓，皆可以掙捶擊之。

四、領手式

接前勢。右拳外旋下落，向懷內撤領，拳眼向右，拳心向上。眼視右拳。上臂與肘尖內合貼肋，肘彎向上，左手仍如前勢不變。身向後、向下坐勁（圖4－9）。

【要　點】

領手時身勿過度前傾。後撤之勁，猶如抽絲。屈肘下沉向後坐勁。左手勿使下垂或擺向身側。

【應　用】

領手之意，於搭敵臂後，隨其力前進之方向，領而卸之。如以右手搭壓敵左臂，敵若向右上挑，則運勁於腕，內撤右肘以領壓力。敵若向外挑，則以腕外鉤其臂向上抬肘，卸敵勁後順勢以拳擊敵左肋。此皆就已粘敵身而言，若尚未粘身，則無論敵擊我胸部或腹部，即以此式向下領格之，敵手自不能進，或以臂運勁截擊之。

圖 4 — 9

五、進步掙捶式

前勢領回右拳含蓄待發。此式緊接進右步，將右拳打出，左步亦隨之稍進，兩腿成乘騎步（圖4 — 10）。

【要　點】

前進發拳時，身步發勁動作，須整體一致，勇猛直前，敏捷迅速。步法應練就一定尺度，落勢以後即穩固不動，勿有反覆

圖 4 — 10

挪移之習慣，致害周身之整勁。

【應　用】

此式右拳發出，用切勁、滾勁向前出。應用之法，與本路拗步掙捶式略同。如我手腕被敵拿住，即用領手向懷內滾腕驟領，敵手自脫。隨用此式向外滾腕前擊，風馳電掣，往復迅速，敵多莫測其妙也。

【說　明】

此路第二動，一、抱拳式；二、右拗步擰身；三、右拗步下截掙捶；四、左領手式；五、左進步掙捶式；動作用法與第一動相同，唯左右方向相反。

第二路　進退連環式

【釋　名】

此路動作，以兩拳往復出入，一進一退連續不斷而得名，使敵防不勝防，禦無可禦。

一、捋　手

所謂捋手者，勁之名也，其手非掌非拳，如握物下捋。做此式向右後翻身時，左腳後撤半步，右腳隨著後撤至左腳前，腳尖點地成右虛步，兩腿微屈，勢沉下坐，重心寄于左腳。同時，右手由身前劃立圓弧線，收於右膝內側；左手由左後向上劃半圓弧置於右肩頭，手心側向前，指尖向上，虎口撐圓，大拇指附於腋下，曰護肩掌（圖4－11）。

接著右手再由下向後、向上、向前、向下劃圓弧作捋

手狀，臂稍彎曲，肘垂，左手仍置於右肩頭不動。兩腿下蹲成丁八馬步。眼隨右手前視（圖4－12）。

圖4－11

圖4－12

【要　點】

當翻身時有如敵在我後，翻身向後，後即前也。右腳後撤以備左腳之卸步閃身而防敵之力沖，左腳探進，以為逼敵動步、動身、動手，剎那間一致做成。重心在後，兩腿微屈，則易進易退，攻防皆宜，目光隨身、手、步之動作。頭項須直，神宜內含，威宜外露。本拳法出奇制勝，此式為第一手，此手成功，則他手無不成矣。學者珍之。

【應　用】

我先發手攻擊敵人時，即以此式前手為攻，後手護肩，以肘當心為守，唯前手發出須擊敵面部，垂肘下合。

敵以拗手（我與敵皆右手或皆左手為拗手）上挑，我即捋其前臂，回撤（亦有扣捋敵衣袖者），則敵必前傾，

我即可施以他法擊之。如敵以順手（*我右手敵左手或我左手敵右手為順手*）上挑，我則專以扣採之勁回撤，或以護肩之後手，由前手肘後穿出，捋敵之臂，同時撤前手為護肩掌。設敵以拗手擊我胸，我即隨其來勢捋其腕，不妨先擊敵頭，以誘其出手而制之。制敵貴在一近字，若出手遠，則雖捋敵腕，而勁不能聚，敵腕每致撤脫。如存必捋之心，則愈近愈有把握，捋腕、捋臂，唯近皆效，如法求之十不失一，法能運用自如，始知此手之神妙也。

二、上步撲面掌

接上勢，右腳右轉 90 度，左腳前進一步，腳尖裡扣，勢下蹲成乘騎步，上體向右轉約 180 度。同時，左掌由右肩平弧向前橫抹，撲打而出，指尖向右側，掌心向前，掌略高於肩。眼看左手。右臂微屈，以肘貼肋，仰腕，手心向下仍作捋手狀（圖 4－13）。

圖 4－13

【要　點】

上步後，兩膝內合，兩腳著地要穩。撲面之掌，為撲擊勁，非為推勁。身、手、步三者同時發勁。肩要鬆，鬆則脊背之力能注於兩手，勢須下沉，捋勁與撲勁上下相應，含而不斷。撲勁之意如印印泥。

【應　用】

此與捋手式應用銜接。敵左手既被我所捋，我即上右步（敵之左步在前），以右掌撲擊敵面，撲眼則淚，撲鼻則血，撲額則敵仰面，我隨即按抹使之倒。此名摸額、摸眉、理髮，武術之普通名詞也。摸勁是以掌緊按敵額，隨頭之逃轉而摸，由內向外劃一半圓，繼撲勁而用抹勁，同時五指籠按敵首勿使逃遁。撲勁主擊，指掌合力，沉而勢速，經常多用為虛手，所以驚敵為引其手之出也，然虛實原無定規，敵能防則為虛，不能防則為實。

此拳捋手，撲面掌兩式，為拳中基礎精華，千變萬化，多由此生。學之若精，其妙無法言之。

三、擒腕齊眉捶式

接上勢。左手變擒拿手下扣。重心移於右腳，再以左腳尖用力著地，腳踵抬起向後勾撤，落於右腳之前，成左虛步。同時，左擒拿手向懷內撤，右手由捋手式變拳，自右肩前上旋齊眉前擊，拳眼向下。目視右拳（圖4－14）。

【要　點】

左手變擒拿時，右手之捋手亦同時向右作勁下沉。左腳尖劃地勾撤時，腰向左稍擰，左手亦向左稍撤。右手之齊眉

圖4－14

捶，須合右方之動作相應發出。

【應　用】

捋敵左腕擊撲面掌時，若敵以右手挑格，我即以右掌擒敵右腕下扣，左捋手亦同時向左捋，使敵兩臂肘彎處相搭，名曰鎖法（敵右手在上）。右腳扣住敵之左腳跟，向後勾撤；同時右手擒敵腕，向右斜領，使敵失其重心，必撲倒於我右前方。我復以左拳齊眉打出，擊敵面部，敵必頭破血出矣。

此式之關鍵，在交叉鎖手，敵手被鎖，餘招要如何便如何，無復顧慮。至於如何鎖敵之手，應於實際中求其奧妙。設撲面掌擊敵時，敵不挑格而下按，則我右手隨其按勁下搬，以左掌直衝敵面，或翻掌（掌心向上）托敵之臂，或採其衣袖向右斜領而捋之，隨著擊以齊眉捶可耳。或已鎖住敵臂，不欲傷其頭面，我則以右手斜領其腕，左手作掌，向右斜擊敵之右肩，敵即仰跌；或以拳衝擊敵右肋，亦簡而易勝之手也。

四、進步四平捶式

接上勢。右拳撤回置於頭頂右側。同時，左腳向前方邁進，右腳隨之跟進，作乘騎步。左拳向前方衝出，高與肩齊，拳眼向上。目視左拳（圖 4 － 15）。

【要　點】

右拳撤，左拳衝，左步進，右步跟，四者相合為一，同發同至，不得稍涉參差。須將脊力通於兩臂，更須力注左拳端。

【應　用】

以齊眉捶擊敵時，敵
若以左手上格，我進右步
以右掌變拳衝擊敵之胸
肋。凡與敵交手，遇敵上
身後仰或向上挑格我手，
均可用此式衝擊之。節短
而勢猛，惟須坐勢進衝，
始能取勝，切勿拖泥帶
水，散緩失機。

圖 4 － 15

【說　明】

此路第二動，一、左捋手；二、右上步撲面掌；三、
左擒腕齊眉捶；四、右進步四平捶式；動作用法與第一動
相同，唯左右方向相反。

第三路　撇身捶式

【釋　名】

撇者，撇開之意也。撇身捶，即撇開身勢以捶擊敵
也。在武術名詞中，撇有反轉折疊之意。此路動作以回
身、翻身兩者組合而成，更注重身法，故有此名。

一、回身架打

接上勢。右拳隨右臂向上向裡裏勁，拳心向上，
高與眼平；同時，左拳由上勢抽回置於左腰側（圖4－
16）。右腳左移半步，腳尖點地成右虛步。隨即右腳向右

側移步，腳尖裡扣，腿稍前屈，左腿後蹬成弓箭步。同時，左拳向右前方打出，與右膝同高；右拳外旋上架橫屈於右額上側，拳心向外。目視左拳（圖4－17）。

圖4－16　　　　　　　　　　　圖4－17

【要　點】

上架之拳與栽截之拳，須同時發出。邁步回身時，要伸腰助勢，提後腿之力送達拳端，但後腳跟緊著地勿離。

【應　用】

敵由右前方或左後方來擊，我即回身順手上架以拗手栽截之。經常設以順手扣敵右腕，以右手擊敵頭部，敵以左手格架時，我即貼身以左臂上挑敵臂，撤替右拳擊敵肋腹部。此式應用與太極拳之玉女穿梭式及栽捶式大致相同，唯上架之手務須架敵之上臂，方能致用。尤須密接敵身，貴在一近字。

58

二、翻身雙捋式

接前勢。向左後翻身，右腳跟為軸向左後扣，左腳繞後弧線落於右腳之前，腳尖著地，重心在右腿。同時，兩拳變掌，右手外旋落於右胯側成仰掌，左手內旋上提至右肩前成俯掌。目視右手（圖 4 － 18）。

接著，兩手向上隨翻身循上弧線向前捋下，並由掌變捋手，置於左膝外側，右手在上前置，左手在下後置。左腳尖著地，斂撤至右腳前一尺左右成虛丁步，重心在右腿上，上身胸稍含，背拔力頂。目視前方（圖 4 － 19）。

圖 4 － 18

圖 4 － 19

【要　點】

雙捋手須卸勁於左膝外，免敵進壓我身，斂步之意亦如是。各種動作務當靈速而連貫。

59

【應 用】

設敵由身後擊來，我翻身雙捋其臂，敵必前傾。唯要卸敵勁於左右，免敵進壓。更須早注身後之敵，俟其手至即速翻身捋之，否則動轉不靈，反受制於敵。雙捋已成功，最簡捷之手，唯以右手扣敵左臂，釋左手變拳提擊敵之面部，或作前撩掌擊之。

三、進步架打

接上勢。進左步，跟右步。右拳上架於頭右上側，左拳向前直衝打出，拳眼向上。蹲作丁八馬步。目視左拳（圖4－20）。

圖4－20

【要 點】

肩胯要中正不偏，腰脊直立。上架打出時，跨步要大，跟步要快，猛向前衝，以意送全身之力，達於兩臂，注於兩拳。

【應 用】

用雙捋手將敵臂捋下，若敵臂向上挑格，我即以右臂上架，以左拳進擊敵胸腹。凡用捋手（不分單捋雙捋），敵若向上挑奪，即以另手順其抵抗之勁架起進擊，順步最宜，拗步亦可用之。

四、上步鑽打

接上勢。上右步以左手上架，同時右拳直前衝出。仍蹲作丁八馬步（圖4－21）。

圖4－21

【要　點】

鑽打與架打，大同小異，有稱展打者。上架之手不必大挑，稍開即進，其致用較架打更近。與敵腕相搭，用圓勁向外化走，鑽身衝進。手步動作務應迅速連貫，勿稍游移。因在實際運用上，稍緩則不能進，故於練習時須養成聯速習慣。

【應　用】

以前勢架打後，敵若格我左手，我即向外化走。此招似挑似架，如鉤如摟，綜其真義，乃利用敵勁落空而乘機進也，故即鑽身衝擊其胸腹，兩手之勁皆須沉著靈動。凡遇與敵臂相搭時，無論敵用架用搬或捋握吾手，我均向外化走，乘機以他手進擊，但擊時必須鑽身進步則可勝，若遠離探打，則無能為矣。

【說　明】

此路第二動，一、左回身架打；二、右翻身雙捋式；三、進右步架打式；四、上左步鑽打；動作用法與第一動相同，唯左右方向相反。

第四路　葉底藏花式

【釋　名】

此路之名，自岳氏散手而來，屬於象形取義，亦有肘下捶、攔腰捶之稱者，皆其當。其動作虛實相間，變化多方，誠妙手也。

一、捋　手

接上勢。上步鑽打，左拳打出後，向右後方翻身，右手在前作捋手狀，左手作護肩掌（圖4－22、圖4－23）。

要點、應用與第二路捋手式相同。

圖4－22　　　　　　　　　圖4－23

二、上步扣手

接上勢。上左步作丁八馬步，身向右轉，腳尖稍裡

扣，扣住敵右腳跟。以左手
下扣，與右捋手相平（圖4－
24）。

【要　點】

捋手與扣手，狀皆非拳非
掌，手指彎曲內攏，一含捋
勁，一含扣勁，右肘貼肋，左
肘下沉，兩膝內扣，脊骨豎
直。

【應　用】

圖 4 － 24

以左手捋敵左腕，上右步扣敵左步；以右手扣敵左臂
坐勢下沉，制敵之半身，使敵失卻一半抵抗力，然後而擊
之。扣敵後，我身越向左扭轉，則敵愈不能抵抗，但我務
得其中，勿有過與不及之弊。

圖 4 － 25

三、摜耳掌

接上勢。左手緊扣不
移，以右手作仰掌，用鞭勁
向前向上橫摜敵耳（圖4－
25）。

【要　點】

扣手不緊，則敵能抗，
一釋捋手，即速作摜耳掌，
身更向敵前貼，肩膀放鬆，
掌心蓄力。

【應　用】

右手扣敵左臂不動，左手作掌橫摜敵面，約在敵之太陽穴與耳根之處。此掌多為虛手，然若擊中則危矣。

四、攔腰捶

接上勢。向右後轉體，收右步於左腳內側。右掌同時隨轉體循上弧線橫於頭上，四指向右，掌心向外（圖4－26）。

接著，左腳向左側開步。隨以左手上挑並向外橫，左拳心向後置於頭部左側，小臂垂直與大臂屈成90度；右掌變拳隨體左轉時，屈肘以仰拳攔腰擊敵肋，置於左肘下，拳心向上（圖4－27反面）。

圖4－26

圖4－27反面

【要　點】

身之一卸一進，步之一斂一開，以及右手挑，左手之擊，皆須動作合拍默契，勁力順達一致，與應用之意不違。

【應　用】

以摜耳掌擊敵右臉部，敵必以右手挑格，我即隨其挑勁黏敵手後撤，則敵臂必伸直；我以右手穿其肘後上挑，架過我頭之後（愈高愈得勢），以左拳橫擊其右肋。若敵步被我扣住，則於挑敵臂時，我身向右一擰，不待拳擊敵即倒矣。若于使用摜耳掌時，敵手不挑而不扣我手，我則撤左手向外翻掌搭其右腕，仍穿右臂於敵右肘後，右臂內含，左掌外按，則敵臂可折也。惟此類招法，均須以腰勁助勢方可見奇功效，抱肘式即此意。

【說　明】

此路第二動，一、左捋手；二、上右步扣手；三、左摜耳掌；四、左攔腰捶；動作用法與第一動相同，唯左右方向相反。

第五路　仙人掌舵式

【釋　名】

此路專重擲人。發勁時須有定勁，則擲發準確。其擲發時如掌舵，故名；又名推山式，有如太極拳之如封似閉，形意拳之虎形等式相類。

一、捋　手

接上勢。向左轉身作左捋手式，與第二路第四路捋手式相同（圖 4 − 28、圖 4 − 29）。

要點、應用同前。

圖 4 − 28

圖 4 − 29

二、上步撇面掌

接上勢。左腳尖外擺上右步，身向左轉 180 度，右掌自左肩前反掌前擊，掌心向裡；左手仍作捋手狀，橫於腹前。目視右手（圖 4 − 30）。

【要　點】

與第二路之撲面掌相同，唯此掌掌心向裡，以掌背擊敵。出掌時要迅猛直上，前衝

圖 4 − 30

時要以腰勁助勢，肘下沉，以增強其發勁。

【應　用】

以左手捋敵左腕，我上右步扣敵左步，以右掌反擊敵面，誘敵右手格架，則翻掌捋其右腕。此招在本式為虛手，因專重擲發敵人，故下式為合手雙推掌等式，若論打法，第二路中已述其大略也。

三、合　手

接上勢。右掌翻轉下合，與左捋手同合於腹前，手心均向下，兩肘束肋，上體稍屈。同時，右腿收回，腳尖點地，成右虛步，兩腿彎曲勢下蹲（圖4－31）。

【要　點】

收腹提肛，頭頂項豎，是為拱勁和推勁之準備。束身、合手、裹襠要協調一致，兩手下合拿敵雙腕，四臂相搭如十字，兩肘束肋，

圖 4 － 31

身體屈蹲則全力下沉，敵不易掙脫，且蓄勁而發可操必勝。名曰合手，所謂拿也。

【應　用】

兩手交叉，捋敵腕下合，身稍屈，肘貼肋，則蓄勁飽滿，此時敵不掙扎，亦準備擲發；掙扎正適以助我發勁。且凡雙捋下合敵必前傾，前傾則必後掙，此乃自然之理。若有懂勁之手順我合勁而進，則我閃身向斜方單捋之，令

其落空，撩手擊其面部。

四、推山掌

接上勢。邁進右步，左步跟進。雙手前推，掌心向前，高與胸齊（圖4－32）。

【要　點】

兩手推時，要集中全力於雙掌，進步長腰以助勢，後步跟進須與前步同時，以助摧勁。兩肘沉墜再往前上拱，使敵失去重心拔根而起，緊接著發勁上拱，前推下按敵必然騰起而跌出。但前推時，兩臂不得過直，以含蓄為宜，後步跟進須輕靈移動，勿就地拖擦，反分前進之勁。

圖4－32

【應　用】

用合手時敵若掙扎，我即進步按其兩肘內合前推，如敵手已開，則能推擊其胸而擲之。此式發勁要整而不散，莫之能禦也。各種擲法多由此變化而來，學者可逐類而引申之。

【說　明】

此路第二動，一、右捋手；二、上左步撤面掌；三、合手式；四、進左步推山掌；動作用法與第一動相同，唯左右方向相反。

第六路　霸王捆豬式

【釋　名】

此路之名極形容其勇猛無敵，主要之招為捆字訣。捆之，則可任意擲打，莫之能禦也，名雖稍欠雅馴，然未便更易，以存其真也。式中捆手與摔跤術之抖麻辮同。

一、捋　手

接上勢。向右後翻身，作右捋手式（圖4－33、圖4－34）。

要點、應用與前同。

圖4－33

圖4－34

二、橫攔掌

接上勢。上左步。左手自右肩伸臂橫攔，手心斜向

內；右手仍作捋手狀，橫
於腹前。目視左手（圖4－
35）。

【要　點】

前撲面掌，係掌向外擊
敵；撇面掌，係掌心向內反
掌擊敵；此橫攔掌，係掌心
斜向內，重以下膊攔擊敵
面，誘敵他手來格。斯數
掌，名目動作雖稍異，而其
致用則一。出掌時，重點要

圖4－35

穩，預伏捋合之勢。此式除橫攔敵面外，尚有橫擊敵胸
腹，亦為誘敵出手來格，然後鎖捆擊擲。

【應　用】

橫臂出擊，反擊敵面，與撲面掌、撇面掌略同。若遇
敵以右手擒我右腕，我則向右前方稍開右步，以右手斜領
上架，以左拳栽擊敵之右肋。

三、捆　手

接上勢。左腳微收，腳尖點地，成左虛步。左手反掌
變半握拳狀，作擒拿勢，向右下方捋，置於腹前，手心向
下；右手仍作捋勁內旋向上提擰，成半握拳狀，置於頭部
右側，手心向上。目視前方（圖4－36反面）。

【要　點】

此式意在一手制敵雙手，向左右一捋一提，此乃兼

合打擊。下式之能否應用，全視捆
手之是否得力，最要兩手用勁與向
左撐腰，須相合相應。貴在實際探
討，自能領會其妙。

【應　用】

以左手捋敵左腕，以右橫攔掌
擊敵面部，敵必以右手架格；隨即
我反掌擒其右腕下捋，原捋手向上
提撐，使敵左臂壓於右肘後方，則
捆手之能畢矣。此時右手擒按敵
腕，制敵兩手，愈向敵推進，捆之

圖 4－36 反面

愈緊。若恐敵擺脫不及用下式手法時，我可釋左手，擊其
右肋，為最簡捷也；或有用齊眉捶者，也可。

四、滾擠手

接上勢，左右手並釋，左手屈
臂滾擠，滾出後掌心向外，高於頭
部左前方，右手補助左臂滾擠，繼
即前推，用擲勁、高於胸齊。兩手
合力整發，同時左步邁進，右步隨
之跟進，目視右手（圖 4－37 反
面）。

【要　點】

滾擠進步與兩手發勁一致，勢
要穩堅下沉，全神向前貫注。

圖 4－37 反面

【應　用】

敵手既被捆鎖，則釋右手，以臂循敵右側而上，至兩肘相交處，向外滾擠，左手按右腕，合勁助勢滾擲，惟變化極速，敵莫能逃。若不撤右手，則以左掌推敵之右膊，敵必傾跌。有用前擊捶者，多用於敵兩臂猛力上挑時擊之。但此路乃擲打並用之招法。

【說　明】

此路第二動，一、左捋手，二、右橫攔掌，三、捆手式，四、右進步滾擠手；動作用法與第一動相同，唯左右方向相反。

第七路　二龍戲珠式

【釋　名】

此路以第三動作之探指而得名，一名抱琵琶，即以第四動作之抱肘，其狀如之。顧名思義，知厥所重尤以截、拿、捆、打四字為主要，全路動作，兩用截法。

一、捋　手

接上勢，向左後方翻身作左捋手（圖4－38、圖4－39）。

要點、應用均與前相同。

二、截　捶

接上勢，左腳尖外擺，隨即上右步，腳尖內扣，蹲作丁八馬步，同時右手變拳，由下而後、向上、向前打下，

圖 4 - 38

圖 4 - 39

與左手為平行前後相約尺餘，
同時身向左轉一百八十度（圖
4 - 40）。

圖 4 - 40

【要　點】

　　此路用拳下砸，上身注
意、左閃，須防敵右手探擊，
雖含閃意，而緊貼敵身不離，
勁須集中於右拳下砸，勢須下
沉以助其勁。進步、砸拳與
下蹲坐勢要上下相隨，發勁一
致，尤須注意一沉字。

【應　用】

　　設敵以左手來擊，即以左手捋其腕，進右步，以右拳
截砸其左臂彎處，或上膊中間及肘後麻筋。凡與敵尚未粘

身或我腕被擒，均可用拳截擊其臂腕處，兩拳如連環之兼施，唯前拳外砍，後拳內截，截臂之拳若十分近身，則劈頭而下，終達於臂，為著尤凶。設右手捋敵右腕不及施著，敵左手已來擊我時，則進左步以左拳截擊敵之左臂。

三、探　指

接上勢，右拳變掌向下搬扣，按於右腿內側，左手伸出，中食指直向前探，手之高，約與頭齊。

圖 4 − 41

右步在前作弓箭步，左腿蹬勁拔腰以助探指之勁（圖 4 − 41）。

【要　點】

右掌下扣時，用沉勁外搬扣緊緊貼大腿根部，探指手前戳，須運勁達於指端，以意運之，上體勿前栽或左偏右倚，探指意在戳敵雙目，其高低應以已頭為標準，勿過高或過低，失卻真意。此著也屬虛手誘敵，使彼驚而速上也。探勁愈前，扣勁愈增，學者應特加注意。

【應　用】

用捋手截捶後，變掌下扣敵臂，釋左手探指戳挖敵之兩眼。此著在本路為虛手，但我急敵緩則虛者自實。如蓄意純用探指以戳敵目，則於下扣敵臂時，稍用捋勁，敵必現前傾之勢，蓋身前傾未定之時，另手後墜不暇來防，我

乘機探指，敵目創傷矣，亦有以五指齊戳以抓敵面部，名曰鷹爪手，與此著原意，異其虛實，當細辨之。

四、抱肘直打

接上勢，上體向左擰，左手撤回一半，變拳置於胸前，離胸約三四寸，右臂左伸，向上反右挑，此時如抱琵琶狀。同時左腳前進落於右腳內側（圖4－42），右步稍斂，全身重心移于左腿。繼而上體右擰，正身向前，右臂外挑，高與眉齊。左拳對心打出，拳眼向上，右步前進，左步隨之跟進，目視左拳（圖4－43）。

圖4－42　　　　　　　　　圖4－43

【要　點】

左手撤回時，上體左擰，右臂左伸上挑，左拳前擊時，上體右擰，右臂向右滾挑，動作互應，接合綿密。外

挑之手，挑至向上折回下膊，拳與肩齊，重肘貼肋為度。

【應　用】

此式重在截法，抱肘即為截折敵臂，第四路攔腰捶式，附述之變化應用，即為此式之半，以手外挑，截折敵臂後，繼以拳擊敵軟肋。設若順手扣敵左臂，敵右手來擊，即以左手稍向外格，右半身貼近敵手，撤右手穿敵右肘後，貼肘向右滾挑，緊壓敵肘後，同時撤左手擊其右肋。此著以右手滾挑敵臂，有改用採敵衣袖者，謂之下纏手，亦甚得勢。

【說　明】

此路第二動，一、右捋手，二、左上步截捶，三、右探指，四、左抱肘、右拳直打；動作用法與第一動相同，唯左右方向相反。

第八路　擺肘壓打式

【釋　名】

本拳重以捆、拿勝人，而招法必近身以致用，不貴花著贅勢，遠擊偷打，蓋忽皮毛而切實際也。各路之中尤以此路所含捆、拿應用之法最多，其勝敵之妙，悉恃善於用肘，肘之擺運，變化莫測，而附於壓打各法，尤結合綿密，故名擺肘壓打式。

一、捋　手

接上勢。向右後翻身作右捋手勢（圖4－44、圖4－45）

圖 4 － 44

圖 4 － 45

要點、應用，均與前相同。

二、撇面掌

上左步，身向右轉 180 度。左手自右肩反背前擊，掌心向內，高與目齊，右手仍作捋手勢橫於腹前（圖 4 － 46）。

【要　點】

此式之動作與第五路之撇面掌相同，惟左右方向相反，均以掌擊敵。

【應　用】

右手捋敵右腕後，上左步以左掌反背擊敵面部。

圖 4 － 46

三、擺肘指襠捶

接上勢。左腳微進。左手作拳，垂肘下落至腹，上體左擰，以肘貼肋緊夾轉腕外擺，右拳指襠打出，成左弓箭步（圖4－47、圖4－48）。

圖4－47　　　　　　　　　　圖4－48

【要　點】

左肘外擺時，須密接左肋，用力緊夾，以腰力隨上體外運，左步在前弓出。腳尖與膝須內合。

【應　用】

用左撇面掌擊敵面部後，即垂肘下夾敵之右臂，向外擺擰，右手作拳擊敵小腹。若左掌擊面時，敵握吾腕下按，我即隨其按勁，以左臂向下平扣至敵身，以肘壓其右臂，撤右手作拳，提擊或直擊其面部。

若與敵初交手，右腕被擒，敵並以左手來擊我頭胸部時，不必與之力掙，我即上左步，以撇面掌之左手，改為

搬壓敵臂，約壓至胸下後，以肘格敵手擒我腕之相交處，我左肘向左，右手向右，同時分格，敵手必開。唯右拳擊胸不擊襠耳。此為破敵擒拿，並倒敵之招，不可僅作打法看。此時我姿勢即成擺肘式。

設與敵搭手時，右腕被敵擒拿，以左手撲擊敵面時，又被敵左手所擒，此時我左臂在上，右臂在下，交叉如十字形，解脫之法，將左手用力後撤，此為問勁。

敵覺此勁，必亦向後力撤，我則順其力直伸左臂，乘機坐勢，蓄勁於腰，驟垂左肘處擺以夾敵右臂，則我右腕即脫，可作拳進擊。

此時敵雖仍執我左腕，然毫不得力，無能為矣。

若兩腕皆被敵執，唯右臂在上，左臂在下時，本可按前法，反其左右即可解脫，但此式尚有另法，即我以右手向敵身力頂以問勁，敵必反力向我推出，則乘勢進身，以右手貼胸下行，以左臂上夾，此時敵之右下膊插夾於我乳下，猶如以我左下膊橫於乳下，緊夾作插袋式，而敵右下膊由上插入也，我右腕此時自可掙脫，並可以左手反扣敵之左腕，右手可任意擊敵。

學者須明瞭擺肘之用，有下夾上夾之分也。若遇左手順扣敵右腕，敵以左手擒吾右腕，亦可問勁帶入，將敵插夾我左膊插袋內，掙脫右拳擊其左肋。凡敵手被夾，如作拳掙扎，愈不能脫，作掌或可抽脫耳。此式招法至多，而各法之連帶變化更無窮，形之筆墨，實覺累贅。前之所列，不過萬一而已，學者觸類旁通，可自求之。

四、壓手點心捶

接上勢。右拳撤回置於右肋，拳心向上。同時向右擰上體作丁八馬步。左手向下壓打至腹前，上膊仍貼肋不動，隨以右拳當心打出，拳眼向上，左臂置於腹前臍下。左步不動，右步前進半步，置於左腿後約六七寸，兩腿微屈，臀部有上拱之勁（圖4－49、圖4－50）。

圖4－49

圖4－50

【要　點】

左下膊橫壓時，左上膊緊貼左肋不動。打點心捶時，橫壓之手膊壓下也不動，後腳蹬勁，臀部上拱，右拳直衝心窩。

【應　用】

用擺肘指襠捶時，敵若以左手下格，我即用左下膊砸其臂腕，運全力以制之，抽回右拳衝擊其心部。有進身以

右拳向上提，擊其鼻頰等處者，此名上提手，如提物向上之勁。

五、迎面捶

接上勢。左右拳腕相搭如十字，上挑過頭，右手在內，左手在外。左腳進步。右拳迎面前擊，拳心向內，名反背捶。左拳由上向後擺，拳心向上，兩臂猶如挑擔，高與肩平。目視右拳（圖4－51、圖4－52）。

圖4－51

圖4－52

【要　點】

此式步法，上挑時即斂，前擊時即進，務須相應，慎勿挺胸過度牽動重點。凡以前各式動作，前進存後退意，上挑須含下壓意。所謂有開合勁、往復勁，為習拳所最要。用意為上，用力為次。故易言上九，曰：亢龍有悔

也。學者玩之。

【應　用】

用壓手點心捶時，敵如雙手掙脫，盡力上格，即以左下膊橫臂上挑，右手在上隨之高起如搭十字，挑起後，以右拳擷擊敵面。凡挑高敵手過頭之勢，皆可以此法擊之。唯須動作極速，否則中下兩盤過空，敵手雖不及進，尚應防其用腿也。常山蛇首尾之喻，應三複也。

【收　勢】

由迎面捶練完後，上身向左轉體。同時，兩臂向下至腹前，兩拳相對，拳心向上，繼兩拳變掌向左右分開至體兩側，然後再由體兩側向上拳過頭時，再向內合至頭頂向下，按落至腹前，手心向下，然後兩臂自然垂於身體兩側，成立正姿勢，稍停片刻，使心氣平靜（圖4－53、圖4－54）。

圖4－53

圖4－54

【說　明】

此路第二動，一、左捋手；二、右撇面掌；三、右擺肘指襠捶；四、左點心捶；五、左迎面捶；動作用法與第一動相同，唯左右方向相反。

二翻手

正面捋打法八路，俗稱中八翻。其動作名稱：

第一路　上步雙攉捶式
第二路　退步雙攉捶式
第三路　上步捋打式
第四路　退步捋打式
第五路　挫臂式
第六路　迎風震葉式
第七路　霸王撐舵式
第八路　順水推舟式

二翻手八路動作說明：

第一路　上步雙攉捶式

【釋　名】

此路簡單，只有左右兩捶上步掄攉，以截、打為主要動作，故名。

一、預備式

八翻手之各翻開始動作之前，均先做此式，以振作精

神，喚起注意，準備動作也。具體動作，同一翻手預備式相同（圖4－55、圖4－56、圖4－57）。若連續練習，則於一翻手第一路開式時做之。預備式須存神靜氣，停立片時，有驚覺應變之意。

圖4－55　　　　圖4－56　　　　圖4－57

二、左擺步截捶

左腳向右前盤旋，腳尖外擺，兩膝微屈，身向左擰轉。同時，左手變拳，由腹前向前攔截，拳心向上；右手變拳置於右腰側，拳心向上。目視左拳（圖4－58）。

【要　點】

上身左擰擺腳與左拳攔截要動作協調一致。攔截須有振彈

圖4－58

勁，略向側擊，並注意上身右閃進身，靠近敵身，勁力注
於左拳。

【應　用】

設敵以左手來擊我胸腹部，我即以左手側擊其左腕或
左小臂。此式還應以敵之來手高低而定其用法。如敵以左
拳或右拳由上向下擊我之頭面部，我即以左拳或右拳由下
向上攔擊敵之肘關節或其小臂，重則毀其肘關節矣。

三、右上步迎面捶

接上勢。上右步，右拳由後
向上、向前掄擊敵之頭面部，或
肩臂部，拳心向裡，同時，收
左拳於左腰側。右腳尖向裡扣
住敵之左腳。目視右拳（圖4－
59）。

圖4－59

【要　點】

上右步、迎面捶務須一致。
上身左閃，右拳劈頭蓋臉而下，
拳心向內反背攔砸，須輕舒其臂，以鞭勁掄臂而下，要勢
順勁整。

【應　用】

左拳攔擊右拳掄砸，近貼敵身劈頭而下，終達於臂。
此招甚凶，兩拳連環使用，唯前拳側身截擊，後拳前擊下
砸之不同耳。設左腕被敵擒住，或我左手捋敵之左腕，均
可將我左手向懷裡撤擰，隨即上右步，以右拳猛擊敵之肘

關節，敵肘必毀。

【說　明】

此式可連環演練，擺右步攔截右拳，上左步攔砸左拳，左右互換，繼續前擊，循環不已。要點、應用均相同，唯方向不同也。

第二路　退步雙攔捶式

【釋　名】

與上步雙攔捶勢法相同，唯第一路為上步，此路為退步，故名。

一、左退步側截捶

接上勢。上左步攔砸左拳後，左步側身後撤。同時，左拳回撤經腹前由下向上、向前側擊，拳背向前，拳心向裡。兩腳斜橫平行，相距約一腳多，兩腿微屈，勢略下坐成交叉步，左膝附於右腿彎處（圖4－60）。

【要　點】

閃身退步、擰身側擊要協調一致。出手要迅速準確，身步要輕巧靈活。截勁、砸勁要隨全勢發勁彈振。

【應　用】

設敵逼近我身以左拳擊來，我略向右閃身，側擊敵左

圖4－60

肘彎處，或刁捋其左腕，向我懷裡擰撤，以待發招制敵。若敵以右拳攻我中、下部，我即退左步，以左拳砸截其臂、面部。

二、右移步前攔捶

接上勢。閃身向左，移右步前進。右拳隨由腹側向下、向後、向上、向前迅速攔砸，拳背向外，拳心向內，高與肩齊；左拳收於腹前，拳心向上。右腳向裡稍扣，成丁八馬步。目視右拳（圖4－61）。

圖4－61

【要　點】

此式動作簡易，而用處實多，能以不變而適應萬變。抬腳移步，要輕靈活潑，閃身進退應與敵來勢高低、遠近而定其法，動作要協調一致。

【應　用】

敵以左拳直向我胸腹擊來，我也以左拳還擊，但直來之手，須以橫破，故以吾左拳側身斜攔而截之，或刁捋其腕向懷裡擰撤，移步閃身前進扣住敵前腳，以右拳從側繞後，經上向前下掄砸。總之無論敵方進身退步，出手伸腳，皆可以攔砸兩招誠制敵之，不可因簡易而輕視，功到火候，臨敵致用，可操勝券之妙術也，希學者細心琢磨。

【說　明】

第二動，一、右退步側截捶；二、左移步前攧捶；動作用法與第一動相同，唯左右、方向相反。

第三路　上步捋打式

【釋　名】

此路專重捋、打，故名。

一、右上步雙捋手

接上勢。擺左腳，上右步，成右虛步。同時，左手翻轉向下成捋手狀向左撤，高與胸平；右手心向上成捋手狀，隨上右步托擒敵肘彎處，與左手同力向後捋撤。目視右手（圖4－62）。

【要　點】

上右步向左後捋，左手扣捋敵左腕，右手翻掌向上托敵肘彎處，隨右腳上步的同時，向左擰身，雙臂一齊發勁向左後撤捋。上步與雙捋、擰身後撤要協調一致，發勁完整。兩腿稍彎曲，前腳尖著力點地。

圖4－62

【應　用】

此式為吞進顧打法，上右步既為前進打下伏步，又能把敵引進我打擊之圈中。設敵以左拳擊來，我上右步以左

手捋扣敵左腕，右手托捋敵之左肘處，閃身向右復向左後
捋撤敵臂，以待敵手變化，再發招制敵。

二、右進步斜推掌

接上勢。進右步，跟左步。
右手內旋挑掌上架置於頭上右
側，左手變立掌直向前推擊，
高與胸齊。目視左手（圖4－
63）。

【要　點】

右手挑架，左掌前推擊，左
腳蹬勁催進右腳進步，左擰右
轉，勁力充實，上下照應，均須
協調一致。

圖4－63

【應　用】

設敵以左拳擊來，我以左手捋敵左腕，上右步至敵左
腿後，用右手托捋其肘後，向左雙捋問勁。敵若用力後
扯，我即乘勢以右掌從敵左肘下插入至腋前，以小臂與肘
銜接處為力點，向外橫挑，全恃腰脊擰轉，發力要猛，敵
多仰跌。此招橫攔倒敵，又如太極拳之野馬分鬃勢。

若變穿梭制敵法，即以右掌穿敵左肘下腋前時，貼身
向外滾擠，同時進步伸腰，以左掌前推其胸，可倒敵於右
步外側。

以上兩法，皆以伏腿在暗中相助，妙不可言，敵多不
防。如欲毀敵肘臂時，即在我捋擒敵左腕後，隨向我懷裡

撤撑，使敵肘尖朝上，繼以右拳順敵頭面劈砸而下，或截壓敵之肘關節，敵必折肘致殘矣。此式簡捷，如法求之，十不失一，誠妙手也。

【說　明】

第二動，一、左上步雙捋手；二、左進步斜推掌；動作與用法均與第一動相同，唯方向不同耳。

第四路　退步捋打式

【釋　名】

此路亦以捋、打兩招法組成，故名。只一進一退不同而已。進步為順敵之攻勢，將敵吞進我懷而打之；退步多屬對付向前進攻之敵，為有準備之退步。即順敵之攻勢，把敵向後捋撤，牽引敵落空而後打之。

一、左退步雙捋

接上勢。左腳後撤一大步，隨著右腳跟著後撤半步，腳尖著地成右虛步。同時，左手作捋手狀，手心向下，屈置於右肩之前；右手旋轉手心向上，作捋手狀，隨之兩手齊向左後捋撤，高與胸平，貼身緊靠。目視右手（圖4－64反面）。

圖4－64反面

【要　點】

向後撤步與雙捋手，要和側身化帶，平行扣採回撤的動作要協調一致。動作須快捷有力，但須連綿黏隨，身靈步活，上下相隨，發勁一致。

【應　用】

設敵以左拳猛然擊來，且又緊逼我身，我即後撤左腳一大步，右腳隨之跟撤半步，為其進退靈活作右虛步；同時，左手捋敵左腕，以右手仰掌捋擒敵左肘關節，蹲身坐步，雙手左捋，此為敵攻我防，牽引敵深入而後捋打之招，化帶至敵前傾失其重心，隨以勢施另招擊敵。若我向左向外捋撤化帶，敵順勢進身以肩靠擠，我即擰身化帶，引敵落空，亦退步大捋，下勢伏身。此為我攻我防，移步捋打之招，如時機掌握嚴密適當，實有四兩撥千斤之妙用。

二、右進步斜推掌

接上勢，右手即速向裡翻掌內旋挑領置於右上方，左手隨即直向右前方當胸擊打。同時，右腳向前邁進，左腳跟進作右弓步。目視左手（圖4－65反面）。

【要　點】

身、手、步一齊發勁，上下完整一致。

【應　用】

我如採捋得勢，吃住敵左

圖4－65反面

臂，乘敵掙扎後撤之勢，速翻右手為掌頂托外按敵左臂，右腳前移左腳蹬勁，以左掌向敵頭面部撲打，敵滿面花矣。

設我用右拳擊敵，被敵以右手捋握我腕，我即以左掌加蓋敵右掌背緊扣，三掌合一，此時我以雙手之力，向右後方移步大捋，全依身法牽引，敵必前傾欲跌，其手必開，如我左手執其右掌半面，右手反扣其右掌半面，向左一擰，敵必疼痛，側身倒地。此為移步大捋，換步擒拿法，誠金不換術也。

【說　明】

第二動，一、右退步雙捋；二、左進步斜推掌；動作與左式相同，唯方向相反。

第五路　挫臂式

【釋　名】

此路專以挫折敵臂動作為主，故名。

一、捋　手

接上勢。左腳回扣，右腳外擺向前落步，身向右翻身，作右捋手勢。此式捋手與一翻手之捋手相同，其要點與應用亦相同，故不贅述（圖 4 － 66）。

圖 4 － 66

二、擰身挫臂

接上勢。捋敵右腕後，隨勢將腕外擰使敵臂肘尖朝上，上身也向右擰轉，右腳外擺 90 度，橫腳著地，兩腿交叉相疊屈膝下蹲，左腳跟離地，左膝蓋抵右膝窩內，成剪子股步；同時，右手隨體轉外旋向後捋撤貼於臍處，左手變拳順右手向前下挫壓，兩手心均向上（圖 4 － 67）。

圖 4 － 67

【要　點】

此式緊接捋手，繼迅速向右擰身，右腕外旋後撤，左拳挫壓，兩腿交叉下蹲等動作，要上下合拍，一捋、一挫、一蹲，三著合一始能成功。

【應　用】

設敵以右拳擊來，我即以右手捋敵右腕，隨即向右擰身後撤，使敵臂伸直，以左小臂猛向敵肘尖部挫壓，敵肘必折。

另法，捋住敵腕後，即擰身下蹲，以左拳向敵右肘下砸，敵即折肘而傾跌。此毀肘之法，不可輕試。

【說　明】

挫臂式第二動，一、左捋手；二、左擰身挫臂；動作姿勢相同，唯方向相反，左右交替互練。

第六路　迎風震葉式

【釋　名】

此路以震撺、撩彈、壓挑之勁，毀折敵之肘關節。因其有似狂風撼樹之猛，疾風折技之勁，秋風脫葉之巧，故名。

一、捋　手

此式同上式，向右後翻身，作右捋手勢（圖4－68）。

要點、應用，同前。

圖4－68

二、撺身撩彈震臂

接上勢。身向右撺轉，兩腿交叉相疊，屈膝半蹲，全腳著地，前腳外展，成剪子股步。右手向後捋撤貼近腹臍，向下扣壓；同時，以左拳拳眼向上，由下猛向上撩彈挑擊（圖4－69）。

【要　點】

此式勢簡招捷，故身法、步法、招法要在眨眼間將震捋、撩彈、挑擊之勁同時發出。要求動作猛速，招法準

圖4－69

94

確，上下合拍，周身一致。

【應　用】

　　設敵以右手來擊，我以右手将其腕，擰身向右引敵臂伸直，以左拳用撩彈之勁，猛向敵右肘處向上挑擊，則敵臂不折亦將重傷。唯此路招法，均須以腰勁助勢。

　　另法，以順手将敵腕，拗手提挑敵臂，移步向拗側擰身鉤掛其腿。此為倒敵之法。

【說　明】

　　此路第二動，一、左将手；二、左擰身撩彈震臂；動作相同，唯方向相反，要點、應用均同前。

第七路　霸王撐舵式

【釋　名】

　　此路主要招法以側面将、靠、抹、撐、按為主。舵，控制行舟方向的設置。掌管的好舵手，不論如何危礁險灘，均可以任意行船。顧名思義，與敵交手應制敵於股掌之上，任我擺佈，隨心所欲，故名之撐舵式，霸王撐舵式，言其式之勇猛也。

一、将　手

　　接上勢，向右後翻身作右将手勢（圖4－70）。

圖4－70

要點、應用同前。

二、上步撇面掌

右腳尖外擺，左腳向前邁進一大步，腳尖略向裡扣。
同時，左掌順右臂向前向敵面部反背前擊，掌心向內，高
與眼齊，右手仍作捋手勢收於腹前（圖4－71）。

圖4－71

【要　點】

與一翻手第五路撇面掌相同，唯此式在此多為虛手，
以誘敵、驚敵，錯亂其方寸，而順勢擊敵也。

【應　用】

與一翻手第五路相同，唯此式以橫抹之勁擲發敵人。

三、並步斜插掌

接上勢。右腳前進與左腳內側緊靠，同時兩腿屈膝下
蹲。左掌不動，右手變掌盡力斜下插，手指向下，掌心向

左，兩手形成十字橫撐（圖 4 － 72）。

【要　點】

並步與身體屈蹲及全力下沉插掌，要上下相應，動作合拍一致，整而不散。

【應　用】

撇面掌直取敵頭面部，敵必格手掙扎，掙扎其勢亂，勢亂則其根動，此正適以助我順其勢而斜抹發勁，隨右捋手變掌貼敵右胯，與屈膝下蹲的同時向下斜插，身勢緊貼敵身，兩掌吃住敵之雙手，使其不能掙脫，且蓄力待發，換招擊敵。

四、進步斜抹掌

接上勢。不停，即進左步，右步跟進。左掌斜向左下橫抹，掌心向下，高在胯下；右掌向右上橫挑，至頭部右側。目視左掌（圖 4 － 73）。

圖 4 － 72　　　　　　　　圖 4 － 73

【要　點】

一抹一挑，腰輪手轉，至靈至速，形成一個十字橫撐之勁，使敵左肩右撐，右胯左轉。務須上下照應，左右相順，動作默契合拍，方能奏效。

【應　用】

設敵左右手均被我吃住，我只要身法輪轉靈活，發勁猛速，敵即隨我之進步、蹲身、抹挑之勁，傾身而跌出。制敵貴一近字，愈近愈有把握，依法精練可得其奧妙也。

【說　明】

此路第二動，一、左挧手；二、右撇面掌；三、左並步斜插掌；四、右進步斜抹掌；為左右交替練習，勁力招法均相同，唯方向相反。要點、應用同前。

第八路　順水推舟式

【釋　名】

水勢兇猛，激舟前湧，如再順水勢之洶湧加力推舟，其前進之勢，似如箭發。顧名思義，出手施招要順其勢而蓄意發勁，則勇往直前銳不可當也，故名之曰順水推舟。

一、挧　手

接上勢。向左後翻身作左挧手勢（圖４－７４）。要點、應用，與前相同。

二、上步撇面掌

上右步身向左轉 180 度。右掌自左臂上方反掌前擊，

掌心向內，高與鼻齊；左手仍作捋手收於腹前，手心向
下。目視右掌（圖4－75）。

要點、應用與前相同，唯左右相反。

圖4－74

圖4－75

三、並步屈肘

接上勢。不停，左腳前進，
靠近右腳內側，兩腿屈膝半蹲。
同時，右臂屈肘前突，右手置於
頭部右側，掌心向內，手指向
上，左手變掌撫於右肘尖。目視
左手（圖4－76）。

【要　點】

此式並步要與上挑屈肘同時
動作，發勁一致，前進必存後退

圖4－76

99

之意，上挑須合下壓之心，所謂勁有開合，動含往復，此技擊中之所重要。

【應　用】

此勢重在用橫掌出擊敵人。用撇面掌後，右半身近敵，撤右手滾挑敵肩臂，換招擊敵。

四、進步橫掌前推

接上勢。右掌由內向右前方橫掌推出，掌心向前，手指向左，高與胸齊；左手掌心斜向下，手指斜向上，與右掌同時前推，置於右掌之後。同時，右腳前進一大步，左腳隨之跟半步，成丁八馬步。目視右手（圖4－77）。

【要　點】

前推進步時，要長腰以助勢，後步跟進須與前步協調輕靈移動，迅速挺進。切忌就地拖擦。

圖 4 － 77

【應 用】

設我将住敵左腕,上右步撇面掌只作虛掌驚敵,乘敵驚悸未定之時,我已屈肘翻掌猛向前擊,使敵無喘息之隙。此掌如能招熟勁足,動作神速,誠為最簡捷之手也,深研深探自能領會其妙。

【說 明】

繼續演練第二動,一、右将手;二、左撇面掌;三、右並步屈肘;四、左進步橫推掌;動作勁力招法與前相同,唯左右方向相反。

【收 勢】

接上勢。身體轉向右側,兩手同時由上向下收於腹前,手心側向上,然後兩臂由左右兩側,向上過頭翻掌下按。同時,左腳向右腳靠攏,成立正姿勢,凝神靜氣,稍待片刻收勢(圖4－78、圖4－79)。

圖4－78

圖4－79

三翻手

撇身鑽打法八路,俗稱下八翻。其動作名稱:

第一路　連環捶式

第二路　進步連環捶式

第三路　提手式

第四路　探馬式

第五路　戮腳式

第六路　進步踢腳式

第七路　黑虎掏心捶式

第八路　迎風剪腕式

三翻手八路動作說明:

第一路　連環捶式

【釋　名】

此式主要動作一捋一掙捶,左手捋敵左腕,右手變拳前衝擊敵;若敵以右手阻攔我右手,我即右手變捋,以左捋手變拳前衝,左右連環使用,故名之連環捶。

一、預備式

各路單練均要先做預備式,以振作精神,喚起注意。其動作要領同前(圖4-80、圖4-81、圖4-82)。

圖 4 － 80　　　　　圖 4 － 81　　　　　圖 4 － 82

二、捋　手

動作說明、要點、應用均同前，左捋手勢（圖 4 － 83）。

三、並步掙捶

接上勢。右腳前進至左腳內側稍後。右掌變拳向前衝擊，拳眼向上，高與胸齊；左捋手撤至腹前，拳心向上。目視右拳（圖 4 － 84）。

【要　點】

並步掙捶要發勁一致，向左擰身，左捋手回撤，右拳盡力前衝，一捋撤，一掙捶，一擰身，要以腰為軸，渾身形成一擰撤掙之勁。

【應　用】

此式招法應用較為簡捷，亦易於掌握，捋住敵腕後，

103

圖 4 － 83　　　　　　　　圖 4 － 84

不論敵掙扎與否，緊接出右拳擊敵胸肋之處，如敵掙扎正適助我發勁。

【說　明】

此式練第二動，一、右捋手；二、左並步掙捶；招法勁力均與上相同，唯方向相反。

第二路　進步連環捶式

【釋　名】

此式與連環捶式相同，唯此式為一捋兩掙捶，打第二掙捶時須進步，故名之曰進步連環捶。

一、捋　手

接上勢。扣右腳向左後翻身轉180度。左手，左腳同時向前做左捋手勢。動作要點、應用均與前同（圖4－85）。

二、並步右掙捶

接上勢。右腳併於左腳內側，兩腿微屈。同時，撒左手於腹前，拳心向內；右掌變拳向前衝擊，拳眼向上，高與胸齊（圖4－86）。

要點、應用均與前相同。

圖4－85

圖4－86

三、進步左掙捶

接上勢。左腳向前進一步，並向右擰腰挺進以助掙捶之勢。待左拳前衝，同時收回右拳至腹腰側。目視左拳（圖4－87）。

【要　點】

在並步掙捶之後，不稍緩息緊接進步，掙擊左拳。

圖4－87

此動作與並步掙捶，前後互應，接合綿密，以腰發勁，勁順力達。

【應　用】

設敵左腕被我左手捋住，隨即進右步並步右掙捶。左右掙捶幾乎是瞬間齊發。連環捶為拳之用，其勝敵之妙，唯善於用連環捶。捶之發出，隨心所欲，上下左右，變化莫測，勢若連珠炮發，使敵防不勝防。學者舉一反三，其理自可求之。

【說　明】

此式練第二動，一、右捋手；二、並步左掙捶；三、進步右掙捶；其勁力招法，要點、應用均相同，唯方向相反。

第三路　提手式

【釋　名】

此式之名來自太極拳提手式，其招法、技擊也與太極拳之提手式相同。

一、捋　手

接上勢。向左後翻身，作左捋手（圖4－88）。

要點、應用與前相同。

圖4－88

二、卸步扣手

接上勢。左腳卸步置於右腳前，腳尖點地。同時，右掌下按作扣手，手心向下扣至於左手之前上，左手捋貼于左腹側。目視右手（圖4－89）。

圖4－89

【要　點】

左腳卸步、左手回捋、右手扣按，動作要協調一致，上下相連。

【應　用】

設敵左手向我直衝而來，我即用左手捋敵左腕，隨即用右手扣按敵小臂或肘、腕，同左捋手一齊向左後捋採。

三、進步提手

接上勢。左腳前進一步。左手變勾手，隨進步提起左手，高與鼻齊；右手仍扣按敵臂，手心向下。目視左手（圖4－90）。

【要　點】

捋敵腕、卸步內合下按、進步提手，須動作一致，上下相隨，配合綿密。

圖4－90

【應　用】

設我左手捋敵左腕，以右手扣捋敵左臂，向左後捋按。敵掙扎時，我隨其勢進步逼敵身，同時提起左手以拳或腕擊敵頦鼻處，敵必面傷而仰跌。

【說　明】

此式練第二動，一、右捋手；二、右卸步扣手；三、右進步提手；其勁力招法，要點、應用均相同，唯方向相反。

第四路　探馬式

【釋　名】

此式與太極拳中的高探馬式招法相同，故名探馬式。

一、捋　手

接上勢。練完向左後翻身作左捋手，動作應用與前同（圖4－91）。

二、撲面掌

接上勢。左腳尖外擺，右腳向前邁進一步，腳尖稍內扣，勢稍下蹲，身向左轉180度，成丁八馬步。同時，右掌由肩前向前撲打，指尖斜向上，掌心向前，高與肩平；左臂稍屈貼肋，手心向下，仍作捋手勢。目視右手（圖4－92）。

要點、應用與一翻手中第二路之撲面掌相同。

圖 4 - 91

圖 4 - 92

三、移步斜肩掌

接上勢。右腳向右前方移半步。左腳跟進半步。右手變捋手由上向懷裡捋撤置於右腹前，手指向前，手心向下；左手由捋手變掌向前斜上方推出，手指向上，手心向前。目視左手（圖4－93）。

圖 4 - 93

【要　點】

移步要以扣住敵腿為宜，勿右移過寬，以防敵腿後撤逃脫。右手捋撤，左手推按，必須身、手、步三者同時發勁，鬆肩則脊背之力能注於兩手，勢須擰腰下沉，捋勁與按勁、推勁，更須上下相應，左右相合。

設我用左捋手、右撲面掌擊敵面部，敵必用右手格攔。我隨以右手反轉向下向右捋採敵右腕，繼以左捋手變掌，向右前直推按，敵必傾倒。

【說　明】

此式練第二動，一、右捋手；二、左撲面掌；三、左移步斜肩掌；動作要點、應用均與前同，唯左右方向相反。

第五路　戮腳式

【釋　名】

從戮字的含義講乃殺之意，既殺必是狠而毒；戮字的另一含義為並力合力如「戮力同心」。此式須有狠、毒、快三字，方能制敵獲勝，故名戮腳。

一、捋　手

接上勢。向右後翻身作右捋手（圖4－94）。

動作、應用同前。

二、撇面掌

右腳外擺，左腳前進一大步，身體右轉180度，兩腿微屈，作丁八馬步。隨即左掌反背前擊，掌心向內，作左撇面掌勢；右手仍作捋手，橫於腹前。目視左手（圖4－95）。

要點、應用與右撇面掌相同。

圖 4 － 94

圖 4 － 95

三、戳　腳

接上勢。左腳斂收虛
著地面。同時，左掌內旋
捋敵左腕，至左胯側，右
捋手收於右胯側，成斂步
捆鎖勢，隨即左腳前移，
站穩，右腳迅速向前橫
踹，腳跟前伸發勁，猛踹
敵腿脛骨後，繼順敵腿踩
下踏敵腳面（圖 4 － 96）。

圖 4 － 96

【要　點】

兩肘束肋，身腰稍屈，移步橫踹，須手腳相應，整勁
而發，配合嚴密。

【應　用】

設我以右捋手、左撇面掌擊敵，敵以左手格架我手，我即以左掌內轉向下擰捋，右手向身右側增強捋勁，兩肘束肋，鎖住敵雙手，不論其掙扎與否，一俟鎖住雙臂，即速移左步，右腳向前橫踹，低在脛骨，高與膝齊，一經腳出招中敵無不膝毀脛折，學者可細研其中之妙，自可求得其法。

【說　明】

此式第二動，一、左捋手；二、右撇面掌；三、左戳腳；左右交替互練，勁和招法相同，唯方向相反。

第六路　進步踢腳式

【釋　名】

追擊敵人，起腳踢之，其距離為手所不及時，則須進步。故名之進步踢腳也。

一、捋　手

接上勢。左腳收落於右腳前，身向右後翻轉作右捋手（圖4－97）。

要點、應用均與前相同。

二、橫攔掌

右腳外展，左腳隨著向前邁進一大步。左手順右臂橫向前、向上擊出，掌心斜向上，指尖向右，高與面齊，右手撇回右腹側，仍作捋手勢。目視左手（圖4－98）。

圖 4 - 97   圖 4 - 98

【要　點】

此掌出擊，要以腰為軸，舒臂旋轉，橫擊敵面部及耳根處，右将手向右下方採将。

【應　用】

此式若用實手，右手即順左臂猛向敵頭面部橫勁狠擊。若用虛手以驚敵，誘敵手來格架，則變橫攔掌将敵右手，向右下方将採，左手向左下方将勁，兩手将住敵雙腕，向敵身後推進，緊緊捆住敵雙手，作好伏勁，以便起腳發著。

三、疊步（蓋步）捆按

接上勢。左腳外擺，接著右腳疊步前邁、下蹲成歇步。兩手隨著疊步下蹲，緊緊捆住敵雙臂前推下按，蓄勁待發（圖 4 - 99 左式）。

113

圖 4 - 99 左式

圖 4 - 100

【要　點】

疊步捆按要同時而動，最要兩手用勁相合相應，為下式踢腳做好伏勢。下式能否應用，全視捆手是否得力。

【應　用】

捋住敵雙腕，疊步下蹲前推下按，敵已前傾，勢必掙扎後退，我即順敵起身後仰之時起腳前踢。

四、起身踢腳

接上勢。起左腳前蹬，著力點在腳跟，高在敵腹臍，低在敵下襠。同時，兩手變掌向前推按，掌心向前（圖4 - 100）。

【要　點】

起身踢腳與雙手推掌，要發勁一致，整而不散，配合綿密。兩掌推時，要集中全力於雙掌及前踢腳之腳跟。

【應　用】

此式主要之招為捆字訣。捆之得力，則任意擲打，莫之能禦。且全式應用能否得勝，全視捆手之是否得力。設敵左腕被我左手捋住，右手捋住敵右腕，兩手下合捆住敵雙腕，敵兩臂相搭如十字，我兩肘束肋，身體疊步屈蹲，全力下沉，敵若掙扎，正適助我發勁。我即趁敵撤步後退，後掙仰身之時，即拱身上擁前推，隨即起右腳前踢敵之腹部或襠部。輕則敵負傷仰跌而出，重則其生命難以預測矣，學者會意其妙，實勝似言傳也。

【說　明】

此式第二動，一、左捋手；二、右橫攔掌；三、左疊步捆按；四、起身右踢腳；左右交替互練，勁力招法相同，唯左右方向相反。

第七路　黑虎掏心捶式

【釋　名】

此式掙捶專以擊敵之心窩，輕則內傷，重則能以殞命，故命之曰黑虎掏心捶。此為致命之招，不可輕用。

一、平採手

接上勢。右腳向後落步，左腳裡扣，身向右後翻轉。同時，左手向右肩前平推，手作捋手狀，手心向右；右手由下向上作捋手狀，屈肘置於左手前，相距近一尺，兩手心相對，同高與右肩平。同時，左腿屈膝，右腳尖點地，成右虛步。目視兩手（圖4－101）。

圖 4 － 101　　　　　　　　圖 4 － 102

【要　點】

　　兩腿下蹲，襠圓勁滿，蓄勢待發。落腿左腳擰身轉腰，與左右手捋捌之動作須一致，配合協調。採手要有牽引之勁。

【應　用】

　　設敵以右拳猛向我面部擊來，我以左手攔採敵之右腕，以右手採托敵左肘部，左手力向上，右手力向下，形成採捌之勁，以便換使下招。

二、扣　手

　　接上勢。左手採敵腕向前向下扣按，右手托肘向前繼隨左手後，次向下扣按。同時，右腳向後稍卸步，腳尖點地。目視左手（圖 4 － 102）。

116

【要　點】

後腳支撐，踏腰蓄勁，兩手次第扣按，左先右後連環進行，並與右腳收步動作一致。

【應　用】

左手捋住敵左腕，隨即以右手採托扣住敵左肘，不容稍緩，擰捌扣按。這兩個動作，是進步掙捶成功之保證，也是吃住敵左臂以待進招的準備。

三、進步掙捶

接上勢。右手採接敵左腕，騰出左手變拳收於左腰側；同時，右手採敵左腕向右外摟捌，左拳隨即與右腳進步，向敵心窩衝擊，拳心向下。右腳進步前踏，左腳隨跟進，成丁八馬步（圖4－103）。

圖4－103

【要　點】

採手、扣手、進步掙捶，三招連貫發勁一致，銜接緊密，動作快疾，同發同進，不得稍有遲滯之弊。尤須將腰勁通於兩臂，達於拳端與手掌。

【應　用】

以左手扣敵右臂，右拳猛擊敵心窩，或胸腹部。

【說　明】

此式第二動，一、左平採手；二、右扣手；三、進步

右挣捶；動作勁力招法相同，左右互易，唯方向相反。

第八路　迎風剪腕式

【釋　名】

此式專以剪腕之招克敵制勝。剪敵之腕猶如勁風折枝之勁，以折損敵之腕臂也，故之名曰迎風剪腕。

一、捋　手

接上勢。身向右後翻轉作右捋手勢（圖4－104）。要點、應用與前相同。

二、上步撇面掌

接上勢。右腳尖外展，左腳前進一大步，身向左轉90度。左手由右臂上反掌前擊，掌心向上，高與眼齊；右手仍作捋手勢，橫於腹前（圖4－105）。

圖 4 － 104

圖 4 － 105

要點、應用，與前相同。

三、移步掙捶

接上勢。右腳移進半步，落
於左腳內側。同時，左掌下按扣
緊，收於腹側；右手變拳向前衝
擊，拳眼向上，高與胸齊。目視
右拳（圖4－106）。

【要　點】

移步下按，跟步掙捶，務須
相應一致，配合綿密，發勁出招
方能迅速準確。

圖4－106

【應　用】

設敵以右拳擊我胸部，我即移步翻左掌向下扣按敵
臂，右手變拳直向敵面、胸、腹擊之，敵必受傷而跌出。

四、轉身剪腕

接上勢。左腳前上半步，身向右轉90度，兩膝微屈
作乘騎步。左掌變拳屈肘上挑，右臂向下截砸（圖4－
107反面、圖4－108正面）。

【要　點】

屈左臂上挑與右臂的向下截砸如同剪切之勁，要迅速
猛烈，配合一致。

【應　用】

我移步掙捶，如得勢操勝，敵必受損傷，再無抵抗之

圖 4－107 反面　　　　　　圖 4－108 正面

力。如欲毀折敵臂，出掙捶時誘敵握我右腕，隨即向右轉
體，屈左臂上挑，緊貼敵左肘後夾緊，右臂於左臂上挑的
同時猛向下截砸，敵臂折矣。

【說　明】

此式第二動，一、左捋手；二、右撇面掌；三、移步
左掙捶；四、左轉身剪腕；動作勁力應用相同，唯左右互
易，方向相反。

【收　勢】

接上勢。練完後，收左腳於右腳內側，併攏，身體直
立。兩掌下落合手腹前，掌心向上，繼向左右兩側分向上
舉至頭頂後，內旋翻掌，經面前向下按至腹前，落於兩
體側自然垂下，稍停片刻，後收勢（圖 4－109、圖 4－
110）。

圖 4 － 109

圖 4 － 110

四翻手

擒鎖靠打法八路，俗稱四八翻。其動作名稱：

第一路　貼身靠打式

第二路　艄公搖櫓式

第三路　抬頭望月式

第四路　兩節鞭式

第五路　單鞭式

第六路　抱腰靠式

第七路　披身伏虎式

第八路　展翅飛翔式

四翻手八路動作說明：

第一路　貼身靠打式

【釋　名】

此式以近貼敵身，扭腰靠打為主要招式，故名。

一、預備式

各路單練均要先做預備式，以振作精神，喚起注意。其動作要領同前（圖4－111、圖4－112、圖4－113）。

| 圖 4－111 | 圖 4－112 | 圖 4－113 |

二、盤步刁挎手

左腳向右前方盤旋上一步，落地腳尖外擺向左，左膝稍屈前頂。同時，左手由胸前向上劃弧刁挎敵腕，右手抱拳於右腰側，身向左扭擰。此為左盤步刁挎手。右盤步刁

122

挒手，與此相同，唯方向相反（圖4－114）。

三、上步劈截捶

接上勢。右腳向前上一大步，腳尖裡扣，成丁八馬步。同時，左挒手撤下敵臂，右拳由腰起，由後向上、向前下掄截，劈擊敵頭面至臂（圖4－115）。

圖4－114　　　　　　圖4－115

四、探掌靠打

接上勢。左挒手釋手變掌，向敵面部，前指探掌，掌心向下，指向敵眼睛；同時，右臂展開摟腰隨肩靠，向右方橫展擠打，左掌隨之向左下抹落，與右臂雙向橫展，以助腰勁擰靠（圖4－116、圖4－117）。

【說　明】

八翻手拳法，各路均為挒手當先，此四八翻八路均

圖 4 - 116　　　　　　　　　圖 4 - 117

以盤步习抒手為先，是八翻手拳法中抒手之一法。各勢左右相同，唯方向相反。

【應用要點】

习抒手時用捌法，臂截捶有截斷敵臂之意，經敵頭面而使敵後仰，探掌虛驚誘敵右手抵架而抬臂，為我展臂時好至其腋下，使敵臂不能下落，隨即以肩臂背腰發力擰轉，兩臂雙向橫展，敵必仰跌而倒。

此路第二動，一，右盤步习抒手；二，左上步劈截捶；三，右探掌靠打；若連續演練，則左右互易，唯方向相反。

第二路　艄公搖艫式

【釋　名】

此式動作，形如艄公搖艫狀，腰腿發力，象形取意，

故名。

一、盤步刁捋手

此動作與前相同（圖4－118）。

圖4－118

二、上步拓掌

接上勢。左腳前進一大步，腳尖裡扣，勢下蹲成丁八馬步。同時，左手成掌順敵臂下，向前下敵胯上軟脅處拓按（圖4－119）。

三、並步搗捶

接上勢。右腳向前跟步至左腳裡側，兩膝微屈下蹲，成並步。左掌撤回掌心向上，位於腹前；右手刁握敵腕，向前落於左掌上搗砸（圖4－120）。

圖4－119

圖4－120

四、勾手前推掌

接上勢。左手掌變勾手，向左側上方提勾。同時，左腳前進一步，成左弓步。右手變為側立掌，向前推擊敵心胸部（圖4－121）。

【應用要點】

拓掌時用丁八馬步，雙手下落成三盤落地勢。搗捶時左手移握敵腕，外擰挒上提，敵已被制，再猛推擊一掌，敵必倒傷。

圖4－121

此路第二動，一、左盤步捋手；二、右上步拓掌；三、左跟步搗捶；四、右弓步勾手推掌；左右互易，唯方向相反。

第三路　抬頭望月式

【釋　名】

此式中用抬頭之招誘擊，繼以扭身望月擊敵，形象抬頭望月之勢。故名。

一、盤步刁捋手

此式動作同前，唯向左後回身作左盤步刁捋手（圖4－122）。

圖4－122

二、上步下截捶

接上勢。捋手下按，右手握拳由敵臂裡向下，朝敵小腹部栽擊。同時，向前上步，成丁八馬步（圖4－123）。

三、抬頭望月

接上勢。我右肩緊靠敵身，頭向右後猛抬，撞擊敵頭面部（圖4－124）。

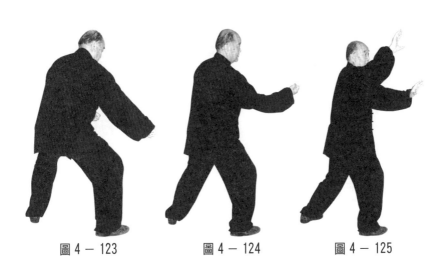

圖4－123　　　　　圖4－124　　　　　圖4－125

四、斜推掌

接上勢。俟敵上身後仰時，我隨即腰向右擰轉，同時右臂插敵臂腋下上抬，或右掌上推敵下頦，左掌推擊敵心胸部（圖4－125）。

【應用要點】

拳下栽擊敵腹部，敵必收腹後移，我即抬頭撞擊敵面

部，敵頭後仰時，我即右拳變掌外旋臂，橫擊敵身，並上推敵頭，左掌隨即推擊敵胸部，敵必倒地，兩掌推擊用腰擰轉之勁，動作務須協調一致，配合綿密，方見奇效。

此路第二動，一、右盤步刁抈手；二、左上步下截捶；三、左抬頭望月；四、左斜推掌；左右互易，唯方向相反。

第四路　兩節鞭式

【釋　名】

此式以活肘折屈，如兩節鞭之形，故名。

一、盤步刁抈手

此式動作同前，唯向右後回身作右盤步刁抈手（圖4－126）。

二、上步下撩捶

接上勢。左腳向前上一步，成丁八馬步。同時，左手變拳，由敵臂裡內向敵腹部撩擊（圖4－127）。

三、立身上擊捶

接上勢，左肘活折，迅速向上反背捶，擊敵面部（圖4－128）。

【應用要點】

上步作丁八馬步時，腳須扣住敵腿外腳跟處，身臂要緊貼敵身，肘折屈要靈活快捷，用鞭勁截擊。

圖4－126　　　　　圖4－127　　　　　圖4－128

此路第二動，一、左盤步刁捋手；二、右上步下撩捶；三、右立身上擊捶；左右互練，方向相反。

第五路　單鞭式

【釋　名】
此式招法形式有如太極拳之單鞭式相同，故名。

一、盤步刁捋手
此式動作同前，唯左回身作左刁捋手（圖4－129）。

二、上步貫耳掌
接上勢。右腳向前上一步，成丁八馬步。同時，右手變掌，由外向裡橫貫敵耳部（圖4－130）。

圖 4 − 129

圖 4 − 130

三、扣壓貫耳掌

接上勢。右掌掌心向下，扣壓敵左臂；左手變掌，由下向上，由外向裡貫擊敵右耳部（圖 4 − 131）。

四、勾手前擊掌

接上勢。我左掌變勾手，刁勾敵臂或腕部，向左勾掛；同時，以右掌向敵胸心部推擊（圖 4 − 132）。

【應用要點】

左右貫耳掌，要連環施用。勾掛與推擊掌，應整齊一致。發擊招，須俟機而運用，勿遲緩。

此路第二動，一、右盤步刁挒手；二、左上步貫耳掌；三、左扣壓貫耳掌；四、右勾手前擊掌；左右互練，方向相反。

圖 4 － 131

圖 4 － 132

第六路　抱腰靠式

【釋　名】

此式以抱腰反靠為主要攻擊之招法，故名。

一、盤步刁捋手

此式與前相同，唯練右回身，作右盤步刁捋手（圖 4 － 133）。

二、上步抱腰

接上勢。左腳向前上一步，成丁八馬步。同時，左手向敵後腰部摟抱，左腳蹬勁，左臂向裡用力，向右方摟提（圖 4 － 134）。

圖 4 － 133

圖 4 - 134　　　　　　　　圖 4 - 135

三、拗步擰身靠

接上勢。我突然扭身左轉，以腰為軸，用右肩和右臂向敵身胸靠擊（圖 4 - 135）。

【應用要點】

摟抱腰用力向右，轉腰肩靠用力向左，腰要靈活，全身放鬆，勁要猛，如山崩。

此路第二動，一、左盤步习捋手；二、右上步抱腰；三、右拗步擰身靠；左右相同，唯方向相反。

第七路　披身伏虎式

【釋　名】

此式中用招以披閃己身，為進敵、制敵之法，故名。

一、盤步刁捋手

此式同前，唯左回身，作左盤步刁捋手（圖4－136）。

二、上步捋捌

接上勢。右腳向前上一步，成丁八馬步。同時，左捋手外旋採捌敵臂，上提至己胸高，右臂屈肘向敵臂肘外反關節挫撅（圖4－137）。

三、頂肘勢

接上勢。左捋手屈肘向左頂力；同時，右臂屈肘向右頂力，位在敵腋下肋處，成兩肘雙向對拉頂力（圖4－138）。

圖4－136　　　圖4－137　　　圖4－138

四、擺肘雙臂掌

接上勢。左捋手上提，右臂屈肘從敵臂內側屈夾敵臂，同時擰身右轉向右擺肘。右腳前進半步，左腳隨之跟進，成右弓步時，雙手變掌向敵胸面部撲擊雙劈按（圖4－139）。

【應用要點】

捋捌時要靈快，用脆勁。頂肘時須用崩炸勁。擺肘與雙劈掌要有機結合，相互借力施用。

圖 4 － 139

此路第二動，一、右盤步捋手；二、左上步捋捌；三，左頂肘勢；四、左擺肘雙劈掌；動作相同，唯左右方向相反。

第八路　展翅飛翔式

【釋　名】

此式主要招法施用，我之展臂勢如展翅施於敵身，敵即騰飛而出，故名展翅飛翔。

一、盤步刁捋手

此式同前，唯練右回身，作右盤步刁捋手（圖4－140）。

圖 4 － 140

二、上步撇面掌

接上勢。左腳前進一步，成丁八馬步。同時，左手掌心向裡作撇面掌，向敵面部撇擊（圖4－141）。

三、大鵬展翅

接上勢。右腳前進一步落於左腳前，腳尖稍外展成蓋步。同時，右捋手上提敵腕至左掌腕下，與左掌成壓十字交

圖4－141

叉（圖4－142），我即變右手握敵左腕，左手握敵右腕，向左右兩斜側分展，是謂展翅。此時左腳前進一步，隨之右腳再進一步，成丁八馬步勢（圖4－143）。

圖4－142

圖4－143

四、並步砸捶

接上勢。左腳跟進一步，至右腳內側併攏，兩腿屈膝下蹲。同時，兩手下落於腹前，右手拳落于左手掌上，兩手心均向上（圖 4 － 144）。

五、移步斜飛

接上勢。左手接握敵左腕，握拳向左上方拉勁置於頭左側上方。同時，左腳向左上方移半步，成左弓步。右手變掌由腹前向前立掌推擊敵胸肋部（圖 4 － 145）。

圖 4 － 144　　　　　圖 4 － 145

【應用要點】

撇面用虛擊，意在誘敵上方抵擋，我便以十字手，左右分展敵臂，如展翅斜飛勢，左手拉握敵左腕向左拉勁，與右掌前推合力發勁，敵必斜飛跌出。施用此式要動作流

利，靈便活潑，協調一致，配合綿密，勢若流星趕月。

此路第二動，一、左盤步刁捋手；二、右上步撇面掌；三、左大鵬展翅；四、右並步砸捶；五、右移步斜飛；動作左右相同，唯方向相反。

【收　勢】

接上勢。右腳尖裡扣，身左轉，兩臂下落。兩手掌心向上收於腹前，稍停，繼之向左右上舉，過頭至頭上方，兩掌合攏，掌心向下，緩慢落於腹前，稍停納氣，而後自然分垂臂於體兩側，收勢（圖 4 － 146、圖 4 － 147）。

圖 4 － 146

圖 4 － 147

五翻手

捆拿摔踢法八路，俗稱五八翻。其動作名稱：

第一路　挧拿踹踢式

第二路　揚鞭絆馬式

第三路　撑身分踢式

第四路　捆鎖裡踢式

第五路　轉身擺蓮式

第六路　膝頂胯撞式

第七路　倚蹬上馬式

第八路　分手蹬踢式

五翻手八路動作說明：

第一路　挧拿踹踢式

【釋　名】

此式以挧拿制敵後施於踹踢之法，故名。

一、預備式

各路單練均要先做預備式，以振作精神，喚起注意。其動作要領同前（圖 4 － 148 ～ 圖 4 － 150）。

二、拗步挧手

設敵以右手用拳或掌向我胸中打擊，我即移動重心，左腳向左前方前進一步，披身近敵，以左手掌心向右攔挧敵小臂，右手隨即從左手外由下向前鎖挧敵手腕；同時，膝微蹲成丁八馬步，左腳在前，右手挧敵腕即謂左拗步挧手，若右步在前，左手挧敵腕謂右拗步挧手。各式拗步挧

138

手左右互練，動作相同，唯方向相反（圖4－151、圖4－152）。

圖4－148　　　　圖4－149　　　　圖4－150

圖4－151　　　　　　　圖4－152

三、上步撇面掌

接上勢。右腳前進一步，左腳隨之跟進半步，兩膝稍屈下蹲，成丁八馬步。同時，左掌從右臂上方向前，朝敵面部反背撇擊。身稍右擰轉，成右拗步撇面掌勢（圖4－153）。

四、疊步擰身夾臂拿

接上勢。左撇面掌将拿敵抵手回帶，同時上身先左扭，複向右擰，右腳尖外擺成疊步，膝微屈勢稍下沉。繼之，右将手上提敵手腕，並屈右臂以右肘內夾敵左臂。隨即上身向右擰，使敵身傾斜（圖4－154）。

圖4－153　　　　　圖4－154

五、起腳踹踢

接上勢。右腳移動半步，使重心穩在右腿；隨即起

左腳，向敵胸腹部踹踢。同時，我兩臂上舉，釋手敵必跌出（圖4－155）。

【應用要點】

将拿踹踢兩腳位置以穩重心為宜。踹踢之力要狠準，擊點在上為頭胸，在中為腹襠，在下為膝臁，捆拿後隨意施用，釋手敵必傾跌倒地。

圖4－155

此路第二動，一、右拗步将手；二、左上步右撇面掌；三、左疊步擰身；四、右起腳踹踢；左右動作相同，唯方向相反。

第二路　揚鞭絆馬式

【釋　名】

此式以摯手上舉如揚鞭，下用腳勾絆為主要招法，故名。

一、拗步将手

此式與前相同，唯向左後翻身，與前方向相反，仍作左拗步将手（圖4－156）。

圖4－156

二、摯手進擊

接上勢。右腳前進一步，成丁八馬步。右捋手摯手向上提；同時，左手握拳向敵右腋下肋部直拳衝擊（圖4－157）。

三、甩手絆踢

接上勢。左腳由後向前勾絆或勾踢敵右小腿，或腳腕部。同時，右捋手用切勁推按敵右手背，左手由敵腋下，向左方橫甩掌（圖4－158）。

圖4－157

圖4－158

【應用要點】

勾踢腳從左向右用力，甩切掌從右向左橫向推按，上下成十字力向，制敵倒地。

此式第二動，一、右拗步捋手；二、左摯手進擊；

三、甩手右絆踢；動作相同，唯左右方向相反。

第三路　擰身分踢式

【釋　名】

此式以擰身變向，封撥敵手，再以踢腳擊敵為主要招法，故名。

一、拗步抒手

此式同前，回身仍作左拗步抒手（圖 4 – 159）。

二、扣手探掌

接上勢。身步不變，左手扣擒敵右臂手腕處，釋右手，掌心向下，五指向前向上，直探敵面部（圖 4 – 160）。

圖 4 – 159　　　　　　　　圖 4 – 160

三、擰身封手

接上勢。右探掌捋採敵手回撤，使敵臂伸直。同時，身向右扭擰。左手扣拿敵右手上提，並以左臂屈肘夾敵左臂（圖4－161）。

四、起腳分踢

接上勢。身向左擰轉，同時起右腳，腳面繃平，腳尖向前，向上彈踢。並以右手掌拍擊右腳面（圖4－162）。

圖4－161　　　　　　圖4－162

【應用要點】

探掌有傷敵睛之意，實為虛用，引誘敵抵手。左右擰身，以腰為軸，兩腿微屈以助跟穩，封手夾臂擰身，必折傷敵臂。切勿輕試以防傷臂。分腳彈踢敵下頦時，釋手敵必倒出。

此式第二動，一、右拗步捋手；二、右扣手探掌；

144

三、左擰身封手；四、左起腳分踢；動作相同，唯左右方向相反。

第四路　捆鎖裡踢式

【釋　名】

此式用捆鎖法先制敵身，後以裡合腳踢打敵身，故名。

一、拗步挒手

此式同前，唯向右後回身，作右拗步挒手（圖4－163）。

二、搖身橫攔掌

接上勢。樁步不動，以右手掌從敵左臂上方，搖身向右方橫攔擊打敵頭部，掌心斜向裡。目視右掌（圖4－164）。

圖4－163　　　　　　　　圖4－164

三、虛步捆鎖

接上勢。敵若抵攔我橫攔時，我即右臂內旋，右手捋拿敵之抵攔手腕，並向右下方採捋，使敵臂成十字捆鎖狀。同時，右腳稍回撤，腳尖點地成右虛步（圖4－165）。

四、移步裡踢腳

接上勢。右腳向右側移一步，身體重心移在右腳，起左腳向敵頭肩，由外向裡合力踢擊。同時，兩手擰捌敵臂，敵必傷跌（圖4－166）。

圖4－165

圖4－166

【應用要點】

若能捆鎖敵臂，敵必被制身歪，並用擰捌手法，敵已傷痛，再用裡踢腳擊之，敵必重傷，釋手敵必倒地。

此式第二動，一、左拗步捋手；二、左搖身橫攔掌；

146

三、左虛步捆鎖；四、左移步裡踢腳；動作相同，唯左右
方向相反。

第五路　轉身擺蓮式

【釋　名】

此式以轉身擺腿踢擊敵為主要招式，與太極拳之轉身
擺蓮式相類同，故名。

一、拗步捋手

此式同前，唯向左後回身，作左拗步捋手（圖4－
167）。

二、上步後拍掌

接上勢。右腳向前上一步，成右丁八馬步。同時，我
兩手掌在己腰後合掌拍擊，掌心相對（圖4－168）。

圖4－167

圖4－168

三、轉身提拍掌

接上勢。身向左翻轉約 180 度，面轉成相反方向。同時，兩手由體兩側上提，至頭左上方拍擊，以右掌心，拍擊左掌背，兩掌心均向下（圖 4 – 169）。

四、起腳擺踢

接上勢。起左腳向左後方橫平擺踢，體向左後轉約 180 度。雙掌拍擊左腳面，落地至右腳前（圖 4 – 170）。

圖 4 – 169

圖 4 – 170

【應用要點】

此式中拍擊兩掌，是為練法，則須存用意。運用時意在巧妙換手，謂之騰手，若要敵倒，擺腳踢在敵膝；若欲傷敵，腳擺踢敵襠。

此式第二動，一、右拗步抒手；二、左上步後拍掌；三、右轉身提拍掌；四、右起腳擺踢；動作相同，唯左右

148

方向相反。

第六路 膝頂胯撞式

【釋 名】

此式主要以屈膝上提頂擊敵腹襠部，腳落地時踏進敵中門，必用胯撞敵為連用之招，故名。

一、拗步抒手

此式同前，唯向右回身，作右拗步抒手（圖4－171）。

二、搖身橫攔掌

接上勢。樁步不動，以右手掌從敵左臂上方，搖身向右方橫攔，擊打敵頭部，掌心斜向裡。目視右掌（圖4－172）。

圖4－171

圖4－172

三、捆鎖封手

接上勢。右橫攔掌內旋，捋擒敵右手腕處，向右下方採捋；左捋手上提，捆鎖敵雙臂。同時，右腳前進半步，左腳隨之跟進，身體貼近敵身，逼敵身後仰（圖4－173）。

四、膝胯連擊

接上勢。敵被捆鎖封手身後仰，腹必前突，我即提左膝頂擊敵腹襠部（圖4－174）；左腳落地時，腳

圖4－173

踏敵中門，沖身胯撞敵腹襠處。同時，雙臂前後平伸，兩手握拳，成一字捶勢，衝擊敵胸，使敵倒跌（圖4－175）。

圖4－174

圖4－175

【應用要點】

封手緊鎖如常不便，膝頂可連擊。敵身鬆逃即落腳踩進胯撞。釋手平沖拳與胯撞協調一致，同時發力，勁要整，勢要穩。

此式第二動，一、左拗步捋手；二、左搖身橫攔掌；三、右捆鎖封手；四、右膝胯連擊；動作相同，唯左右方向相反。

第七路　倚蹬上馬式

【釋　名】

此式招式形如踩蹬躍身上馬狀，故名。

一、拗步捋手

此式同前，唯向左後回身，作左拗步捋手（圖4－176）。

圖4－176

二、順勢探掌

接上勢。左手掌心向外,指尖向前,順右臂上方,直向前探撲敵面部。左丁八馬步不動,做順勢探掌(圖4－177)。

三、拉馬倚蹬

接上勢。左探掌採挒敵左抵手,向左下方採挒,同時右挒手上提。左腳向左移半步,膝微屈,重心移左腳站穩;右腳屈膝上提,腳尖向右,腳心向前蹬踩敵腿膝關節,或大小腿處,蹬力向左側(圖4－178)。

圖4－177

圖4－178

四、快馬加鞭

接上勢。右蹬踩腳向左前落步,左腳隨即前進一步,右腳跟半步,成丁八馬步。同時,兩手緊握拳,兩臂外

旋，拳心撐向上，合力向前方推擊，高與腹平。目視兩拳
（圖 4 - 179）。

圖 4 - 179

【應用要點】

探掌捆手，使敵身斜，一上提，一下採，一蹬踩，三
者動作要緊密配合，三勁合一，是為奇妙之招。落地踩
進，動作須敏捷。進步推擊有托上之勁。

此式第二動，一、右拗步抒手；二、右順勢探掌；
三、左拉馬倚蹬；四、右快馬加鞭；動作相同，唯左右方
向相反。

第八路　分手奔踢式

【釋　名】

此式以兩手左右分劈，中正直上奔踢（俗稱朝天蹬）
為主要招法，故名。

153

一、拗步捋手

此式同前，唯向左回身，上右步作右拗步捋手（圖4－180）。

二、扣手探掌

接上勢。右手扣握敵左手腕，騰出左手變掌，掌心向下，指尖向前，向敵面部探擊。同時，右腳進半步，左腳隨之跟進，逼近敵身，成丁八馬步（圖4－181）。

圖4－180

三、分手奔踢

接上勢。右手向右體側採拿敵手，左手掌捋擒敵左手，捋落至體左側。同時，起左腳，腳跟向上奔踢敵頭胸部（圖4－182）。

四、落步提手

接上勢。奔踢腳，用力劈落，腳尖繃平，落地成腳尖點地。同時，我兩手擒拿敵兩腕上提，舉臂過頭頂上方（圖4－183）。

五、進步雙按掌

接上勢。左腳前進一步，右腳隨即跟進半步。同時，我上舉兩手向前下方推按（圖4－184）。

圖 4 － 181　　　　　圖 4 － 182

圖 4 － 183　　　　　圖 4 － 184

【應用要點】

大奔踢可踢可蹬，隨勢應部位運用。落腳展平腳面，用力下劈。提手屈折敵腕，落平用切勁推按，意在折敵手腕關節。釋手前推按敵必遠倒。

155

　　此式第二動，一、左拗步捋手；二、左扣手探掌；三、分手右奔踢；四、右落步提手；五、右進步雙按掌；動作相同，唯左右方向相反。

【收　勢】

　　接上勢。右腳尖裡扣，身左轉。兩手掌收於腹前，掌心向上，稍停繼之向左右兩側上舉過頭至頭上方，兩掌合攏掌心向下，緩慢落於腹前，稍停納氣，而後自然分垂臂於體兩側收勢（圖4－185、圖4－186）。

圖4－185

圖4－186

六翻手

捆鎖擲打法八路，俗稱六八翻。其動作名稱：

第一路　抱虎歸山式

第二路　金雞獨立式

156

第三路　捆鎖擠擲式

第四路　排山尋路式

第五路　童子拜佛式

第六路　青龍探爪式

第七路　海底撈月式

第八路　提手沖拳式

六翻手八路動作說明：

第一路　抱虎歸山式

【釋　名】

此式以捋手撲面反背捆抱連環掌為主要招法，有如太極拳中抱虎歸山式，故名。

【預備式】

同前（圖 4 － 187、圖 4 － 188、圖 4 － 189）。

圖 4 － 187　　　　圖 4 － 188　　　　圖 4 － 189

一、順柔捋手

1. 接上勢。體左轉重心移於右腳，左腳尖虛點地面，收於右腳內側，成虛步。同時，右手掌向上向左攔至左肩前，左手仍按在左胯前。兩腿屈膝下蹲成旗鼓勢（圖4－190）。

2. 接上勢。左手由下向前上順敵臂內側捋下至敵腕。同時，左腳前進一步，兩腿屈蹲成丁八馬步。身體重心落於兩腿之間，此謂左順柔捋手（圖4－191）。右順柔捋手與此相同，唯動作左右、方向相反。

圖4－190　　　　　　圖4－191

二、上步撲面掌

接上勢。左腳尖外擺，右腳前進一步，腳尖稍內扣，膝微屈成丁八馬步。同時，右手掌隨前進之步勢，由左臂上方向前撲摸敵面部，掌心向外，指尖向左。目視右掌。左臂稍屈落，以肘貼肋，仍作捋手勢（圖4－192）。

三、拗步反背掌

接上勢。樁步不動，右撲面掌捋敵手下按至身體右側，左捋手上提至肩平時，釋敵手變掌反背擊敵耳側，並旋腕摸敵面部向敵身後按壓（圖4－193）。

圖4－192

圖4－193

四、捆鎖抱擲

1. 接上勢。右手採拿敵手上提，向前按于敵左肩上；同時，左手順下抱敵腰部。兩腿屈膝下蹲，成馬步抱虎狀（圖4－194）。

2. 接上勢。兩臂裡抱，繼以左臂由敵腰後移於敵腹胸前，右手釋手後撤，兩臂同時

圖4－194

向外撐擠抖力。左腳隨之前進
一大步，以助左臂撐擠擲敵之
勢（圖4－195）。

【應用要點】

此式上步撲面掌與反背
掌、摸面掌，三掌連環應用，
重在捆鎖二字。若能捆鎖，擊
敵之法任意隨用。捋手撲面是
拳中基礎精華。連環三掌虛實
兩用，捆鎖之式完成。敵此時
已仰身，依靠我抱勢未倒，此

圖4－195

時我即釋手，俟敵尚未立身之時，用撐擠之勁擲發之，敵
必遠倒。

此式第二動，一、右順柔捋手；二、左上步撲面掌；
三、左拗步右反背掌；四、右捆鎖抱擲；動作相同，唯左
右方向相反。

第二路　金雞獨立式

【釋　名】

此式中有金雞獨立之招式，有如太極拳中金雞獨立勢
類似，隱含重擊傷敵之法，故名。

一、順柔捋手

動作與前相同（圖4－196、圖4－197）。

二、上步撇面掌

接上勢。左腳尖外擺，右腳前進一步，腳尖稍內扣，勢下蹲成丁八馬步。同時，右手掌隨進步之勢，以撇面掌由左臂上方前擊敵面部，掌心向裡，指尖斜向上，仰臂屈肘、下垂，力達掌背及小臂外側（圖4－198）。

圖4－196　　　圖4－197　　　圖4－198

三、捆鎖提膝

接上勢。右撇面掌虛擊敵面部，誘敵以右手抵架格攔，我即以撇面掌翻轉捋擒敵右腕下採，按至己體右側胯處；同時，捋敵之左手上提至敵之右腋下。上提之時須寸步進身前靠，貼近敵身時，即提左膝頂撞敵下部，穩站成獨立勢（圖4－199）。

四、歇步擲打

接上勢。左膝提擊敵腹，若敵後撤，我隨即伸腿向前

蹬踩敵腿，並疊步落地下蹲成歇步，有如形意拳之龍形落勢。同時，兩手前推下按，敵必傾倒（圖4－200）。

圖4－199　　　　　　　圖4－200

【應用要點】

　　捆鎖時，務須寸步貼緊敵身。膝撞後即蹬踹，落腳下踩，不作獨立勢停站。寸步捆鎖時我上提之手，要以小臂緊貼敵身，而手掌即去鎖喉，此謂毒手。或可抓敵肩、脖，是為不傷之法。此式中膝頂鎖喉為隱含之招，其他招法以明勢中，不再贅述。

　　此式第二動，一、右順柔捋手；二、左上步撇面掌；三、捆鎖右提膝；四、右歇步擲打；動作相同，唯左右方向相反。

第三路　捆鎖擠擲式

【釋　名】

捆鎖者,將敵雙臂十字擒拿,使敵不能逃脫之意,敵若掙逃,必吃我擠擲之招勁,故名。

一、順柔捋手

此式同前,唯右腳內扣,向左後回身,仍作左順柔捋手(圖4－201、圖4－202)。

二、拗步撲面掌

接上勢。身步捋手之勢不變,而護肩之右手,由左臂上方直向前撲擊敵面部,掌心向外作撲面掌勢(圖4－203)。

圖4－201　　　圖4－202　　　　　圖4－203

三、滾手捆鎖

接上勢。右腳前進一步，左腳跟進。右撲面掌将採敵右手腕，下按滾拿敵左臂肘上方處；同時，左将手上提滾拿敵右肩脖部（圖4－204）。

四、合手擠擲

接上勢。左腳前進一步，右腳跟進。釋左手，臂腕外旋使掌心向內，滾小臂擠壓敵左臂使之貼胸，釋右手按己左手腕內關，兩手合力擠擲敵胸部，使之仰倒（圖4－205）。

圖4－204　　　　　　圖4－205

【應用要點】

滾手捆鎖時，須應勢寸步進身，務使己身緊貼敵身，合手擠擲，應借著施勁，謂吻別之法。擠擲時兩手互拍合力，身脊鬆虛前擠，敵必彈跌。

此式第二動，一、右順柔捋手；二、右拗步左撲面掌；三、右滾手捆鎖；四、左合手擠擲；動作相同，唯左右方向相反。

第四路　排山尋路式

【釋　名】

此式以雙按雙推掌發人，有力劈華山之氣勢，故名。

一、順柔捋手

此式同前，唯向左後回身仍作左順柔捋手（圖4－206、圖4－207）。

二、上步撲面掌

接上勢。左腳外擺，右腳前進一步，成丁八馬步。同時，右手以撲面掌擊敵面部，誘敵抵攔（圖4－208）。

圖4－206　　　　圖4－207　　　　圖4－208

三、折腰捆鎖

接上勢。俟敵右手抵架，即變撲面掌為捋手，採捋敵右腕，向右橫拉扣鎖敵左肩、臂，同時左捋手上提敵腕，扣鎖敵右肩，使敵臂十字捆鎖胸前。同時，右腳前進一步，左腳隨之跟進，務使己身上下緊貼敵身，並以右手順敵背下滑抱敵腰眼，敵身必折（圖4－209）。

四、雙拍按掌

接上勢。後腳暗進一步，至前腳跟後，並縮身下伏。右抱腰之掌速移按於敵胸前之臂，兩掌心均向下。右腳前進一步，同時伸腰展身，兩掌合力下按前推敵身，敵必遠倒（圖4－210）。

圖4－209　　　　　圖4－210

【應用要點】

推按之雙掌，與前腳進步務須氣勢合一，推力向上，

166

按力向下，致敵凌空跌出。此式在捆鎖下進行，必有其妙效，無捆鎖狀態也可施用。

此式第二動，一、右順柔捋手；二、左上步撲面掌；三、左折腰捆鎖；四、右伏步雙拍按掌；動作相同，唯左右方向相反。

第五路　童子拜佛式

【釋　名】

此式以兩掌合拾勢為用、為變，形似拜佛，故名。

一、拗步順柔捋手

此式順柔捋手與前相同，唯向右後回身，作右順柔捋手時，左腳前進一步，成左拗步順柔捋手；作左順柔捋手時，右腳在前（圖4－211）。

圖4－211

二、馬步合掌

接上勢。右順柔捋手上提，左手握敵右手背，兩手上舉過頭至頭前上方。同時，身體向右擰轉 90 度，成乘騎馬步，繼之兩掌合捨下落，於己胸前（圖 4 - 212）。

三、提膝跨虎

接上勢。左手反拿敵右手掌背，向左側採捌。同時，左腳尖上勾，提膝勾掛敵小腿或腳腕處，右腳踏地獨立站穩。右手向右上方撐掌（圖 4 - 213）。

四、落步推山掌

接上勢。左腳向前下落步踩敵中門，成左弓步。同時，兩掌併攏成立掌，直向前向敵上身猛力推擊（圖 4 - 214）。

圖 4 - 212　　　圖 4 - 213　　　圖 4 - 214

五、伏地後掃腿

接上勢。左膝極屈下蹲，撐身中心，雙掌著地，右腿隨身體右擰轉一圈，用力向後掃腿擊敵（圖4－215）。

圖4－215

【應用要點】

此式為虛實連環法，合拾挫腕為實，提勾反拿為虛；落地推掌為實，伏地後掃為虛；反之連環、虛實互為應用。

此式第二動，一、右拗步順柔捋手；二、左馬步合掌；三、右提膝跨虎；四、右落步推山掌；五、伏地左後掃腿；動作相同，唯左右方向相反。

第六路　青龍探爪式

【釋　名】

此式以青龍探爪為主要招法，象形取義，兩腿交叉上下探掌，形如龍舞探爪，故名。

一、順柔捋手

此式同前，唯向右後回身，作右順柔捋手（圖4－216、圖4－217）。

二、上步橫攔掌

接上勢。右腳尖外擺，左腳前進一步，成丁八馬步。

岳氏八翻手

左手隨上步自右臂上方向左上方橫攔擊敵頭部，俟機蓄變
（圖 4 － 218）。

| 圖 4 － 216 | 圖 4 － 217 | 圖 4 － 218 |

三、蓋步捆鎖

接上勢。左手捋採敵左腕，向左下方捋捌。同時，左
腳撤虛點地，繼之左移扣腳尖著地，右腳隨即前上一步，
落于左腳前成蓋步。右手隨右腳上步的同時，向敵肩脖部
探掌（圖 4 － 219）。

四、青龍探爪

接上勢。右手掌抓敵脖向後撤帶。同時，身向右擰
轉，兩腿交叉下蹲成歇步。左臂前伸探掌，以膊外側擠擲
敵身，敵必旋體倒地（圖 4 － 220）。

【應用要點】

左右兩手外旋擰捌，敵全身已被制，右手上提探掌抓

圖 4 － 219　　　　　　　圖 4 － 220

脖、扭頰或鎖喉，用法方便隨意。欲不傷敵，抓肩撤拉，左探掌前擠，敵必倒也，此式之妙在移步擰身。

　　此式第二動，一、左順柔挩手；二、右上步橫攔掌；三、左蓋步捆鎖；四、右青龍探爪；動作相同，唯左右方向相反。

第七路　海底撈月式

【釋　名】

　　此式以撩陰指襠、抱膝十字手為主要招法，有如太極拳之海底撈月式，故名。

一、順柔挩手

　　此式同前，唯向右回身作右順柔挩手（圖 4 － 221、圖 4 － 222）。

圖 4 － 221

二、行步撩衣

接上勢。右腳尖外擺，左腳前進一步，右腳隨即跟進半步，成丁八馬步。同時，右捋手上提，左手上托敵臂肘部，向敵身上推壓，右手變掌向敵襠部撩擊，掌心向前。目視敵頭面（圖4－223）。

圖4－222

圖4－223

三、行步指襠

接上勢。右腳前進一步，成右弓步。同時，右手勾手上提，擊敵下頦，繼之翻手擒敵右手腕，向左前按壓；左手即變拳，向右前方敵腹襠部栽擊，拳眼向上。目視左拳（圖4－224）。

圖4－224

四、轉身撈月

接上勢。身向左擰轉 90 度，成馬步。同時，右手由上向下，左手由下向上，至兩膝前摟抱成十字手勢，俟上抱至胸前時，兩掌外翻，向正前方合力推擊（圖 4 － 225a 正面、圖 4 － 225b 反面）。

圖 4 － 225a 正面　　　　　圖 4 － 225b 反面

【應用要點】

騰接手時要巧妙輕快。撩掌勾提手內伏殺手，擊頦虛用，致敵頭後仰，以便抈擒敵手。栽擊捶要有彈抖勁。上步要輕靈，落步須紮根。以蓄發勁。推擊合力，力從腳跟發勁。務須全身一整勁。

此式第二動，一、左順柔抈手；二、右行步撩衣；三、左行步指襠；四、右轉身撈月；動作相同，唯左右方向相反。

第八路　提手沖拳式

【釋　名】

此式以左右提手，形如沖鑽之象，故名。

一、順柔捋手

此式同前，唯向右回身，作右順柔捋手（圖4－
226、圖4－227）。

二、並步砸捶

接上勢。左腳前移於右腳內側，成並步。右捋手外旋
使手心向上，左手下移於腹前，掌心向上，左手接右
手背。兩腿屈膝下蹲，如太極拳之金剛搗碓勢（圖4－
228）。

圖4－226　　　　　圖4－227　　　　　圖4－228

三、提手沖拳

接上勢。左手接擒敵右腕，向左上方提起。隨之左腳向左前方進一步。右手變拳向敵下頦部衝擊，拳心向裡，成拗步上沖拳（圖4－229）。

四、封肘沖拳

接上勢。右腳向右前方進一步。右沖拳變掌採敵左手腕、臂，向上再向右上方提手；左提手下落並向右穿插於敵左臂下方，挑敵左臂向左側方橫採（圖4－230）；我右手握拳，拳心向裡，上沖敵下頦，並以小臂或肘尖向前擠撞敵身。同時，左腳向左前方進一步，右腳跟進半步，以助沖擠勢（圖4－231）。

圖4－229　　　圖4－230　　　圖4－231

【應用要點】

接捶動作要俐落快速，提手沖拳及上步須完整一氣，

協調配合，快速進行，中間不能停頓。沖步和擠撞要勁整、勢合。

此式第二動，一、左順柔捋手；二、右並步砸捶；三、右提手左沖拳；四、右封肘沖拳；動作相同，唯左右方向相反。

【收　勢】

接上勢。右腳尖裡扣，身左轉，兩手收於腹前，其餘動作與前相同，不再贅述（圖 4 − 232、圖 4 − 233）。

圖 4 − 232　　　　　　圖 4 − 233

七翻手

截拿捆打法八路，俗稱七八翻。其動作名稱：

第一路　滾肘雙砸捶式
第二路　虎抱頭栽捶式
第三路　白猿獻果式
第四路　左右打虎式

第五路　彎弓射虎式

第六路　一字捶式

第七路　猛虎撲食式

第八路　野馬闖槽式

七翻手八路動作說明：

第一路　滾肘雙砸捶式

【釋　名】

此式以滾肘砸捶為重點，故名。

【預備式】

各路單獨演練須要先做預備式，以振作精神，喚起注意。其動作要點同前（圖4－234、圖4－235、圖4－236）。

圖4－234　　　　圖4－235　　　　圖4－236

一、捯捋手順腋夾

設敵正面以右掌或拳向我胸面前擊來，我即以左手，掌心向右，由左向右攔捋；右手掌心向上，捯捋敵肘部，再左手捯捋插敵腋下，將敵臂夾在我左腋下，成順腋夾。同時，左腳前進一步，重心落於兩腿，兩膝微屈，成丁八馬步（圖4－237）。

二、探掌滾肘

接上勢。右手成俯掌，五指向前直探取敵雙瞳。敵若以左手抵攔，我即以右手採捋敵臂回撤，使敵臂伸直；隨即以左肘上屈，戀夾敵左臂肘部，同時身腰向右扭轉，當夾住左臂時，身腰復向左扭轉，形成左右戀擺肘。此時敵兩肘關節必傷痛（圖4－238）。

圖4－237

圖4－238

三、合肘雙砸捶

接上勢。左右滾肘的同時，我右臂屈肘，兩肘相合相助，並雙手握拳上舉，鬆肘向下砸敵胸腹部（圖4－239a正面、圖4－239b反面）。

圖4－239a 正面　　　　圖4－239b 反面

【應用要點】

夾敵之肘力要猛，擺動時以腰為軸，兩肘緊夾不動為戀，不可鬆懈。砸捶勁力須整，擊砸點應避要害處，以免致傷。或以右拳直向敵左肋部擊打，作肘底捶勢，亦為妙手。

此式第二動，一、捯挦手右順腋夾；二、左探掌滾肘；三、左合肘雙砸捶；動作相同，唯左右方向相反。

第二路　虎抱頭栽捶式

【釋　名】

此式以一手上舉抱頭，一手栽擊為主要招法，象形取義，故名。

一、順步攔挎手

接上勢。設敵從側後向我頭胸部擊來；我即向左後回身，用左手向己胸頭部攔挎，橫拿敵來擊之腕臂（圖4－240）。

二、拗步探掌

接上勢。左腳前移半步，成丁八馬步。同時，左攔挎手下壓敵臂，右手成俯掌，向敵喉、面部指探（圖4－241）。

三、提手鎖肘

接上勢。右探掌俟敵抵手時，即回撤挎採敵手，致敵臂伸展；同時，左攔挎手擒敵腕上提，並屈肘緊夾敵左臂肘關節處，腰身左扭使敵臂關節反制（圖4－242）。

四、虎抱頭栽捶

接上勢。釋右手捯拿敵右手腕，並且雙手手心向內、向上托舉，形似虎抱頭狀（圖4－243）。左腳前移進步，貼近敵身。左手外旋使手心向外，右手向下栽擊敵腹部

（圖4－244）。繼之，兩腿屈膝下蹲成乘騎馬步。左臂屈肘下沉，右拳收於腰間（圖4－245）。

圖4－240　　　　圖4－241　　　　圖4－242

圖4－243　　　　圖4－244　　　　圖4－245

【應用要點】

此式以接手、騰手、釋手、屈肘、夾肘，反節鎖折、栽截拳為主要招法。騰接手時，要輕便靈俐。栽截拳須用腰勁，坐勢沉肘，勢氣勁合一。敵後倒時，可隨變另招施用。

此式第二動，一、右順步攔捋手；二、拗步左探掌；三、右提手鎖肘；四、左捯手虎抱頭栽捶；動作相同，唯左右方向相反。

第三路　白猿獻果式

【釋　名】

此式以雙拳向上捧托為主要招法，如太極拳之白猿獻果式，故名。

一、捯捋手順腋夾

動作同前，唯向左後回身，作捯捋手左順腋夾（圖4－246）。

二、迎面捶

接上勢。右腳前進一步，兩腿微蹲，成丁八馬步。右手變拳，拳心向裡，屈肘向敵面部上沖擊打（圖4－247）。

三、騰手貫耳捶

接上勢。俟敵手抵架時，我左臂腋下夾緊敵右臂，並

屈肘上擒敵左臂手腕部，騰右手以拳向敵左耳根貫擊（圖
4－248）。

圖4－246　　　　圖4－247　　　　圖4－248

四、裹肘下截捶

接上勢。右腳收斂成右虛
步。右臂裹肘裡合，鬆肘向面、
胸前下截至敵臂（圖4－249）。

五、沖步獻果

接上勢。我兩拳併合下壓，
左手擒敵左腕，右手擒敵左肘
外。右腳向前進一步，左腳跟進
半步，隨即我兩拳合力與進步的
同時，向前上方沖擊，成獻果勢

圖4－249

（圖4－250）。

【應用要點】

沖捶、貫捶、截捶與身步須協調配合，完整一氣。夾肘裹肘，為折敵臂關節。獻果勢為捌法，均反關節，點到為好，以防重傷。

此式第二動，一、右捯捋手順腋夾；二、左迎面捶；三、騰手左貫耳捶；四、裹肘左下截捶；五、左沖步獻果；動作相同，唯左右方向相反。

圖4－250

第四路　左右打虎式

【釋　名】

此式以左右拳擊敵頭部、肋部，形似太極拳之左右打虎式，故名。

一、捯捋手拗腋夾

設敵以右手掌或拳，從後側向我頭部直擊時，我即向右後回身向左攔捋，左手隨之捯捋敵右肘處，右手再捯捋敵右臂根部，將敵右臂夾入我右腋下。同時，左腳前進一步，重心落於兩腿，兩膝微屈，成丁八馬步（圖4－251）。

二、左橫攔掌

接上勢。左腳上步的同時，左手掌心向上，向敵頭胸部橫攔擊打（圖4－252）。

三、夾肘鎖手

接上勢。橫攔掌擊敵時，敵必以左手抵攔，我即左橫攔掌內翻至掌心向下，捋拿敵左手腕，向左橫捋捆敵，此時我右臂腋夾敵右臂，且屈肘上擒敵之左手腕（圖4－253）。

圖4－251　　　　圖4－252　　　　圖4－253

四、左右貫耳捶

接上勢。釋左手握拳向敵頭額右側耳根部貫擊，復手仍擒敵左腕；同時，釋右手由下向上繞貫敵頭額左根部，為左右貫耳捶（圖4－254、圖4－255）；反之為右左

貫耳捶。

五、雙撲按掌

接上勢。釋雙手變掌，掌心均向下撲按敵雙臂。右腳
前進一步，腳踩敵中門，直逼敵身。同時，兩掌協同身腰
發勁向前撲按（圖4－256）。

圖4－254　　　　圖4－255　　　　圖4－256

【應用要點】

夾肘鎖手，務須緊束，勿使敵臂鬆動，並扭腰使敵關
節反折，無力反抗。釋手騰手要輕靈，使敵無知覺感，即
刻按推發人，手腳齊到，全體發一整勁。

此式第二動，一、捌捋手右拗腋夾；二、右橫攔掌；
三、左夾肘鎖手；四、右左貫耳捶；五、左雙撲按掌；動
作相同，唯左右方向相反。

第五路　彎弓射虎式

【釋　名】

此式主要招法、勢法，狀如太極拳之彎弓射虎勢，故名。

一、捯将手拗腋夾

此式同前，仍向右後回身作捯将手，左拗腋夾（圖4－257）。

二、順勢撲面

接上勢。左手掌心向外，以撲面掌向敵面部撲擊。俟敵左手抵攔，左撲面掌即變採手，擒敵左手腕橫按於敵右肩上。同時，左腳前移屈膝成左弓步（圖4－258）。

圖4－257　　　　　　　圖4－258

三、捆拿接手

接上勢。左腳回撤，腳尖點地，成左虛步。同時，左採手外翻捌敵左腕，回撤捆拿，右手接擒敵左腕臂（圖4－259）。

四、移步雙擊捶

接上勢。左腳踏實，右腳向右側前上一步，成右弓步。同時，兩手擒敵左臂，由下向右劃弧至右側時，釋手變拳向敵胸肋及頭額部貫擊，敵必折臂倒地（圖4－260）。

圖4－259 圖4－260

【應用要點】

弓步撲面即可倒敵，捆拿接手亦可變步倒敵，學者久練自成。涮手貫擊時，要弓步擺腰，以腰膊勁合擊，移步折臂倒敵，其移步方向、角度可隨實地戰機應用活便。

此式第二動，一、捯捋手右拗腋夾；二、右順勢撲面掌；三、右捆拿接手；四、左移步按兩下捶；動作相同，唯左右方向相反。

第六路　一字捶式

【釋　名】

此式以順勢前後雙向擊捶為主要招法，形似一字，故名。

一、捯捋手拗腋夾

此式同前，仍向右後回身，作捯捋手左拗腋夾（圖4－261）。

二、進步前擊捶

接上勢。右腋夾敵臂，右手屈肘外旋，橫鎖敵右上臂外側，並隨身體一齊，向右擰擺橫壓敵臂。左腳前移半步，勢下沉。同時，左拳向敵右腋下或右肋猛擊（圖4－262、圖4－263）。

圖4－261

三、沖步一字捶

接上勢。右腳前進一步，左腳跟一步，落於右腳內側稍後（左腳不得超過右腳），成並步。同時，右拳直臂向前擊敵胸心部，左手採敵右臂向身後擊出，雙向擊捶成一

圖 4 - 262   圖 4 - 263

字形（圖 4 - 264）。

【應用要點】

前擊捶亦稱巧女紉針。擊捶力點下栽，一字捶兩拳擊點要平沖。擊捶、上步、並步，要整齊一致。

此式第二動：一、捯挎手右拗腋夾；二、右進步前擊捶；三、左沖步一字捶；動作相同，唯左右方向相反。

圖 4 - 264

第七路　猛虎撲食式

【釋　名】

此式以虎撲食、探爪、擒拿為主要招法，故名。

一、捯捋手順腋夾

此式與一路、三路之一式相同，仍向右回身作捯捋手左順腋夾（圖4－265）。

二、惡虎探爪

接上勢。左腋下緊夾敵臂，屈肘鎖牢；右手掌心向下，虎口撐大，五指彎曲，成虎爪形直前探敵咽脖部（圖4－266）。

三、刁拿鎖捆

接上勢。俟敵以左手抵格或握我右手腕時，我即以左手捯捋敵左手腕，向左側捋按於敵胸前；同時，右手腕臂外旋擠按敵左手腕，至手心向上，以手背與小臂擠敵左臂，緊貼敵胸，且下壓縮身蓄勁（圖4－267）。

圖4－265　　　　圖4－266　　　　圖4－267

四、進步虎撲食

接上勢。左腳向左前方斜進一步，右腳隨即跟進半步。同時，兩手變掌向敵胸部猛撲推按，至己腹前，敵必後退仰倒（圖4－268）。

【應用要點】

此式以順腋夾捆拿鎖臂、十字手法封閉、釋手推按撲擊為主要招法，務須連貫應用，配合默契，借著發勁，手足齊到方為真。

圖4－268

此式第二動，一、右捯捋手順腋夾；二、左惡虎探爪；三、右刁拿鎖捆；四、右進步虎撲食式；動作相同，唯左右方向相反。

第八路　野馬闖槽式

【釋　名】

此式以近貼敵身，形若入槽之馬，抬頭搶食，勇挺奪位為主要招法，故名。

一、捯捋手順手搶

接上勢。右腳扣步，身向左後回轉，左腳隨即斂收。右手向左肩前攔格，左手隨即向右捯捋敵右手腕，下按，並向敵身後側推壓。同時，左腳前進一步，膝微屈成左弓步（圖4－269）。

二、野馬闖槽

接上勢。将擒敵臂後，隨即我右手握拳，拳心向內、向敵下頦脖頸處前擊；若敵左手抵格或頭脖後仰時，我即屈肘前撞敵胸心窩處（圖4－270）。

三、走馬活夾

接上勢。左将手上提，屈肘於胸；右手插於左手腕下，捋将敵右腕；左手隨即向敵脖後探掌，屈指扣敵下頦或頸項，向左後旋捌；同時，右手採将敵右腕向前推拉。兩腿下蹲成乘騎馬步（圖4－271）。

【應用要點】

此式招法猛勇快捷，步法原地變化，桤根要穩，發勁要整，擒鎖要輕柔活潑，在不知不覺中完成，為上乘。

此式第二動，一、右捋将順手擒；二、左野馬闖槽；三、右走馬活夾；動作相同，唯左右方向相反。

圖4－269　　　圖4－270　　　圖4－271

【收　勢】

接上勢。右腳尖裡扣，身左轉，兩手收於腹前，其餘動作同前，不再贅述（圖 4 － 272、圖 4 － 273）。

圖 4 － 272

圖 4 － 273

八翻手

封手掩打法八路，俗稱八八翻。其動作名稱：

第一路　穿梭捶式

第二路　三環套捶式

第三路　似封似閉式

第四路　野馬並蹄式

第五路　三盤落地式

第六路　反背降龍掌式

第七路　彎肘搬攔捶式

第八路　樵夫挑柴式

八翻手八路動作說明：

第一路　穿梭捶式

【釋　名】

此式以攔捋封手，捶擊快如穿梭，見縫插針，迅速靈便，故名。

預備式

各路單獨演練，須先做預備式，以振作精神，喚起注意。其動作同前（圖4－274、圖4－275、圖4－276）。

圖4－274　　　　圖4－275　　　　圖4－276

一、攔捋手

設敵以右拳向我頭面或胸部衝擊，我即以左手向右攔捋，左腳虛著地面；同時，右手向左攔捋，左腳前進一

步,成左丁八馬步;繼以兩手下按敵右臂,至腹前左側(圖4-277)。

二、迎面捶

接上勢。左腳向前挪移,進身貼敵,釋左手反背拳向上提擊敵面部(圖4-278)。

三、提拿梭捶

接上勢。左手回收於己腰側,右捋手擒敵右腕由下向右上提拿,至頭右前上架,使敵臂不能降落。右腳隨提拿勢前進一步,左腳跟進半步。同時,左拳由腰側直向敵右肋部衝擊,謂之梭捶也(圖4-279)。

四、穿心捶

接上勢。右捋手內翻滾壓,拳心向上,屈肘向下砸壓,擊打敵胸面部;同時,左拳回收,再從我右小臂上方,向敵心窩處擊打。且以左腳跟進半步,以助左拳之力,成並步穿心捶(圖4-280反面)。

【應用要點】

攔捋手拱手下壓,迎面捶釋手貼身,順勢反背擊面,快捷準而狠,動作配合綿密。提拿梭捶動作協調一致,繼以砸壓穿心捶為一協同動作,「穿心梭捶肋則裡,招架不住脖則裡」,三捶連貫稱妙手。

此式第二動,一、右攔捋手;二、右迎面捶;三、左提拿梭捶;四、右並步穿心捶;動作相同,唯左右方向相

196

反。

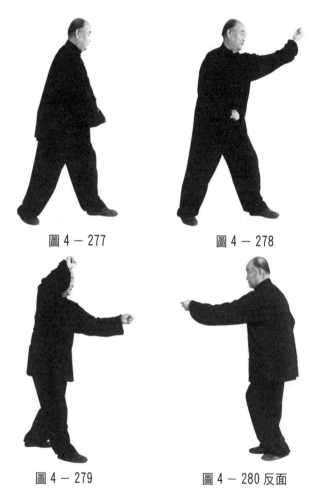

圖4－277　　　　　　　圖4－278

圖4－279　　　　　　　圖4－280 反面

第二路　三環套捶式

【釋　名】

此式以拱手上中下三環套擊捶為主要招法，故名。

197

一、攔挎手

此式與前相同，唯向右後回身，上左步仍作左攔挎手（圖4－281）。

二、撇面掌

接上勢。我右手捋按敵右腕，釋左手用撇面掌順勢近貼敵身，向敵面部擊打。體微蹲沉，成丁八馬步（圖4－282）。

三、天地炮捶

接上勢。椿勢穩定不變，左撇面掌變拳，屈肘由裡向下栽截，向敵腹部擊打；同時，釋右手變拳，向敵面部直拳擊打（圖4－283）。

圖4－281　　　　圖4－282　　　　圖4－283

四、中心炮捶

接上勢。我右拳回撤於
己腰間，同時左拳由下向上
屈肘封手擺格至左側，右
拳隨即向敵胸、心或肋部中
平衝擊。同時，右腳前進一
步，左腳前邁一步，與右拳
協同一致（圖4－284）。

【應用要點】

攔挮手時，須拱手斂
步，下壓沖步，撇面掌，椿

圖4－284

步近貼敵身，勢要穩。三環套擊捶，要快速有力，節節分
明。

此式第二動，一、右攔挮手；二、右撇面掌；三、左
天地炮捶；四、左中心炮捶；動作相同，唯左右方向相
反。

第三路　似封似閉式

【釋　名】

此式以似封似閉手法變招，借開合勁發人，故名。

一、攔挮手

此式攔挮手同前，唯向右後回身，仍作左攔挮手（圖
4－285）。

二、托抱琵琶

接上勢。左手擒敵右臂肘部上托，右手将拿敵右腕隨之上舉，兩手上托與肩平。左腳斂收成左虛步，同時，身向右擰，目視兩手（圖4－286）。

三、搖臂撇面掌

接上勢。托抱兩手合力右搖前托，繼而回帶前上頂；同時，釋左手隨上頂之勢，以撇面掌撇敵面部。左腳隨左掌撇面前移踏實，成椿步（圖4－287）。

圖4－285　　　　　圖4－286　　　　　圖4－287

四、似封似閉

接上勢。左撇面掌採捋敵左抵手，向我左下方胯外捋採。同時身體後移，收提左腳跟，腳尖點地成左虛步。兩手擒敵左右腕，外翻使拳心向上，並上提於兩腰胯上方外

側（圖4－288）。

五、雙龍出水

接上勢。左腳前移半步，右腳隨之前進一步成椿步。同時，兩拳由腰胯兩側，一齊向敵身中心合力擊出（圖4－289）。

【應用要點】

封捋撲面，要近貼敵身，托抱搖臂，勢勁如太極拳中手揮琵琶之狀，學者可參悟；按兩下拳含有上翻之勁，形若趵突泉。

此式第二動，一、右攔捋手；二、右托抱琵琶；三、右搖臂撲面掌；四、右似封似閉；五，左雙龍出水；動作相同，唯左右方向相反。

圖4－288

圖4－289

第四路　野馬並蹄式

【釋　名】

此式以開合按兩下捶為主要擊打招法，形似野馬並蹄狀，故名。

一、攔捋手

此式與前相同，唯向右後回身，上左腳仍作左攔捋手（圖 4 - 290）。

二、摯手中平捶

接上勢。我拱雙手摯提敵右臂，釋右手回收，左手擒拿敵腕向左方外翻，右手變拳向敵胸心窩部擊打（圖 4 - 291）。

三、摟手指襠捶

接上勢。左上摯之手，經面、胸、腹前，向下摟至左胯外側，身向右擰，收右拳於腰側，繼身向左擰，借腰勁右拳向前下方敵襠部擊打。摟手勢為椿步，指襠時變為左弓步（圖 4 - 292）。

四、野馬並蹄

接上勢。我雙手回帶敵左右兩臂，向身後兩側捋甩。左腳撤收，腳尖點地，成左虛步。同時，雙手變拳，拳心向下，並拳合力，齊向敵胸部猛擊。隨之左腳前移踏實，

圖4－290　　　　　　　　圖4－291

圖4－292　　　　　　　　圖4－293

右腳前進一步，左腳跟進半步（圖4－293）。

【應用要點】

　　此式用開合併拳，合力擊打，須勇猛果斷快捷。擊拳進步要完整一齊，協調配合，其他捶擊要在封手時進行。

此式第二動，一、右攔抒手；二、右摯手中平捶；三、右摟手指襠捶；四、左野馬並蹄；動作相同，唯左右方向相反。

第五路 三盤落地式

【釋 名】

此式以上中下三盤，同時沉勢如落地，故名三盤落地。

一、攔抒手

此式與前相同，唯向右後回身，上左腳仍作左攔抒手（圖 4－294）。

二、拱手撲面掌

接上勢。雙手擒拿敵右腕上拱，繼之右手抒拿敵腕下按，釋左手向敵面部撲擊，並向左橫摸。同時，勢微蹲成樁步，即丁八馬步，使敵頸項扭制（圖 4－295）。

圖 4－294　　　　　　　圖 4－295

三、三盤落地

接上勢。左腳尖外展，右腳前進一步，腳尖內扣，體左轉 180 度，並屈膝下蹲成馬步勢。同時，我兩手掌下按，左手按至左膝外側，右手按於右膝外側（圖 4－296）。

四、推山填海

接上勢。體左轉 90 度，左腳向右腳後撤一大步，成右弓步。右手變拳向敵面部衝擊，拳心向下，繼屈肘拳心向上，下砸敵胸腹部，左拳接著拗弓步衝擊敵面部。體左轉 90 度，成馬步。同時，雙手採捋至腹前，並變雙掌向正前面方向推擊（圖 4－297）。

圖 4－296

圖 4－297

【應用要點】

拱手撲面，擒折敵腕，撲面即實用，橫摸敵面頰致敵頸項扭擰，全身以制，可隨便施招擊敵。三盤落地為倒敵之法，較之安全。撤步轉大捋亦為倒敵遠出，雙推掌勁發於腳底，要有彈抖之勁。

此式第二動，一、右攔捋手；二、右拱手撲面掌；三、左三盤落地；四，右推山填海；動作相同，唯左右方向相反。

第六路　反背降龍掌式

【釋　名】

此式以左右反背，提貫擊打敵頭為主要招法，頭若似龍，故名降龍。

一、攔捋手

此式與前相同，唯向左後回身，仍作左攔捋手（圖4－298）。

二、左反背提貫掌

接上勢。左手向上提貫敵之左耳部，右手捋敵右腕於己腹前。步仍為椿步（圖4－299）。

三、右反背提貫掌

接上勢。俟敵左手抵攔我左掌時，我左手即捋採敵左腕，向我左下方捋採，並按壓於敵右臂上，致敵右臂

圖 4 － 298　　　　　圖 4 － 299　　　　　圖 4 － 300

不能撤脫。繼之釋右手，反背向敵右耳部提貫（圖 4 －
300）。

四、提擊降龍掌

接上勢。右提掌回落，採扣敵
之右大臂，並以己右小臂，擠壓敵
之左小臂。右後腳暗進半步。釋左
手從我右臂內，向上提擊敵面頰
鼻部。同時，左腳跟收提，成左虛
步。左提手回落，兩掌按於敵胸腹
部，向下擠按，繼之前推發勁。
同時，左腳向前邁進一大步，右
腳隨之跟進半步，成樁步（圖 4 －
301）。

圖 4 － 301

【應用要點】

提貫掌招招是實用，捋採手須纏繞刁腕，十字封閉敵臂，務須輕柔近身，使敵體無受力感而制。推擊降龍掌，要伏身下按，拱身前推，並與上步要協調一致。

此式第二動，一、右攔捋手；二、右反背提貫掌；三、左反背提貫掌；四、右提擊降龍掌；動作相同，唯左右方向相反。

第七路　戀肘搬攔捶式

【釋　名】

此式以掩肘頂擊，旋戀盤擺，搬攔捶擊為組合式招法，故名。

一、攔捋手

此式與前相同，唯向左後回身，仍作左攔捋手（圖4－302）。

二、迎面捶

接上勢。左腳向前挪移進步，進身貼敵，釋左手反背拳向上提擊敵面部（圖4－303）。

三、掩肘頂擊

接上勢。左手採擒敵左抵手腕，左臂屈肘下沉，坐勢，並掩肘盤旋，將敵右臂夾在我左腋下，並向後頂肘；同時，我右臂屈肘，隨即向裡盤旋，挫擠敵左臂肘部。身

圖 4 － 302　　　　　圖 4 － 303　　　　　圖 4 － 304

向左擰，兩腿交叉成歇步（圖 4 － 304）。

四、擺肘前擊

接上勢。右肘向右戀旋，將敵左臂夾在我右腋下，隨身右擰向右擺肘；左手變拳，隨身右擰直臂向敵胸肋部衝擊，拳眼向上（圖 4 － 305）。

五、進步搬攔捶

接上勢。右腳向前進一步，身向左擰。右手變拳，隨擰身進步，直臂向敵胸肋部衝擊，左手隨即向左側摟搬（圖 4 － 306）。

【應用要點】

攔捋手、迎面捶勢用椿步；掩肘盤戀勢用歇步；擺肘搬攔捶勢用椿步。發勁皆用腰腿助力。

圖4－305   圖4－306

此式第二動，一、右攔捋手；二、右迎面捶；三、右
掩肘頂擊；四、左擺肘前擊；五、左進步搬攔捶；動作相
同，唯左右方向相反。

第八路　樵夫挑柴式

【釋　名】
此式以肩挑敵臂，為主要招法，形若挑擔，故名。

一、攔捋手
此式與前同，唯向右回身，仍作左攔捋手（圖4－
307）。

二、蟄手單推掌
接上勢。左手擒敵右腕上提，右手掌向敵胸肋部推

圖4－307　　　　　圖4－308　　　　　圖4－309

擊，掌心向下，指尖向左。同時，右腳前進一步，成馬步
推掌（圖4－308）。

三、伏身挑柴

接上勢。右腳裡扣。右掌採捋敵左手腕，向右推按。
同時，伏身向左轉體，左腳隨即後撤半步，使己背部緊貼
敵身懷。右肩挑擔敵右臂（反關節）。繼之起身抬臀，弓
腰，並以雙手握擒敵腕臂，向前下方用力摜壓敵臂（圖
4－309）。

四、拱手作揖

接上勢。左腳向前上步，腳尖裡扣，體向右轉，面向
敵身。同時，兩手擒敵右腕，由下向上劃弧，提至胸前作
拱手狀（圖4－310）。

岳氏八翻手

【應用要點】

折臂抬臀須彎腰弓身。轉身雙挳手動作要快，力要猛。拱手勢，內含撅腕，須注意滑手施招，以免傷折。

此式第二動，一、右攔挳手；二、左摯手單推掌；三、右伏身挑柴；四、左拱手作揖；動作相同，唯左右方向相反。

【收　勢】

接上勢。右腳前上一步，拱手下按於腹前，右腳尖裡扣，身左轉90度。兩手變掌，掌心向上，由腹前向體兩側向上擺舉至頭上方，掌心向下合攏下按至腹前。稍停，左腳向右腳靠攏，成立正勢。兩手自然垂於體兩側（圖4－311）。

圖4－310　　　　　圖4－311

第五章

八翻手之理與法

　　八翻手拳法，式路簡單明晰，便於練習，易於記憶。但欲掌握其中之妙，就必須實踐與理論相結合。深刻領會其理法，反覆研磨、實際應用其拳法，切勿因其簡易而輕視之。殊不知武術之應用，貴精而不在多。精一招一勁而名世者，不乏其人。況一招一勁精，而萬招萬勁咸具乎。精則足以致用，既精而後求多，所謂學然後知不足也。

　　岳氏八翻手拳法，相傳其法由岳家散手變化而來，其初僅九手，其後每手各演變二十手，左右衍為三百六十手。然演變之期年久，何人傳承不明，當可以確認是歷代武林英傑，實踐之結果，出自武林群雄之舉。

　　今之八翻手拳法，始見於清同、光之際，有雄縣劉仕俊先生，得其真傳，授徒于北平護軍營。劉德寬從而學焉，遂擇其精華編為八翻手。其動作簡而易習，樸實無華。後經紀子修、許禹生、吳鑒泉、劉恩綬、王新午等諸先輩，數十年之苦心研求，參以太極拳剛柔相濟之精義，即以內練鼓蕩之氣，外練招法姿勢。

　　以內為主練氣、練勁，以外姿勢練招、練法；就招而

生勁，借勁以用招，形成八翻手拳法之獨特風格。統一行動，統一思想，內外一致，勁整勢整，一氣貫通。一靜一動之微，變化莫測，是八翻手拳法理法之基矣。

一、意與勢

意，意者心意也，在內不可見之神。勢，勢者招式也，形於外可見形也。欲求勁整，先求形整；欲要形整，先要意整，是八翻手技法之初步功夫。

招法之勢，源於拳法之意。有意識之演練招法，意到即招法到之，意不到位，勢必不到位。以此求得由內及外，所以先練意，後練氣，而後勁生。是以心領意，以意導氣，以氣運身而發。意動，勢動，氣動，勁由內發，剛由內生，謂之剛柔相濟，剛而不僵矣。

二、氣與勁

氣，有先天、後天之分。人之生命，貴在有氣。有氣則活，無氣則死。人之於氣，猶魚之於水，須臾不可忽離，其重要逾於衣食。既知重要，則必保之使其充，培之使其盛。用之有方，練之有術，而後動於中，現乎其外。人之生命，貴在有身。故言健身者，首重運動，為健其筋肉四肢，以保生命有身。

八翻手拳法之為功，外則運動其筋骨，內則充實其氣。練氣之法，以深呼吸為主，吸氣時鼻孔吸氣，鬆胸收

腹，徐吸至胸內氣滿，不可再吸之際，即呼氣。呼時氣由鼻孔出，腹漸放出，至無氣可呼而再吸，謂之一息。反覆不已。務須與招法、姿勢、手足之動作相結合，內外始能一致。手足動作之往復，呼吸相間，上下、左右、前後、開合毫不紊亂。且同時以意運內臟之體，隨動作方向鼓蕩開合以助招式，是內外同時俱動也。雖起伏折疊，扭轉變化，應呼應吸絲毫無誤。

　　但呼吸與姿勢動作相合，則姿勢之動作，自然因呼吸而整齊雄壯，是謂之整勁也。

　　在生理學，人之內臟各部為不隨意筋，因不能自行動作也。今使之動者，純以氣壓迫伸縮，輔以意識，而上下左右之耳。其動作係各臟統一，無所軒輊。能增進其消化循環諸系之作用，而極端發展其本能，康強堅固，自無論矣。

　　在初習者，必俟姿勢純熟，招法明瞭，徹底清晰拳中之理論後，始行之。以免顧此失彼，有傷內部。而氣與身體動作內外相合之法，亦未可躐等而進。所謂「入門引路須口授」者，固慎之以慎也。初習者於拳勢初練之先或後，皆可單行呼吸法片時，以為將來加入拳勢之準備。及加入之時，便依式漸增，尤忌欲速生弊，求其自然於不知不覺中能之。非勉強事也。

　　勁，勁字釋文頗多，用法各別，在武術範圍，稱有勁、無勁，勁大、勁小者，類以勁字代表力量。唯八翻手拳法，所稱之勁，除作普通力量解釋外，由功深練出之靈明活潑方法，謂之勁。有意識之力量，謂之勁。而其妙則

千變萬化，未可以言語論也。勁之為物，其所含之成分，是由招法與感覺共同鍛鍊而成。

招法者，即拳術所具自衛禦敵之各種方法，招法各個之連貫練習，即為姿勢。內功言勁，非不講招，是招為勁之先，用招必合乎勁，以勁為主，以招副之。而練勁必先練招。練招之法，必求姿勢，故糾正姿勢不可忽也。姿勢正確，則招之發必中。因此，習八翻手拳法者，應先求姿勢之正確，次求招法之應用。就招而生勁，借勁以用招，招法既熟，則應練習應用扝手，以合於實際之法。

八翻手拳法扝手當先，扝手之法有七，前已言其重要。演練之時，須存對敵之意，出手之高低尺寸，必含有與實際適符之把握。應沉著，勿輕脫。而手眼所至，全神注之。如鷹之捕兔，如貓之捕鼠。用步之法，非有進無退，前後左右中，皆有變化移動。設敵身靠近，步則須後移。而動之尺寸，以適合扝制敵手之機為依歸，變化神速瞬息之間，左右移動，莫不皆然。故演練時更應存變化之意，則步之動作，應富有警覺性，方為至善。

賢師傳演習扝手法，一曰，刁扝手壓腕；二曰，單扝手；三曰，雙扝手；四曰，單撢手；五曰，雙撢手。

可在演練拳勢完畢後，或另一時間，找相手對練，三數月之功，即可自由應用，而不失機。此外各法。唯擊要害之法，不可輕試。其餘傳為演練應用法若干，動作繁複，學者可綜之意而為之。唯演練實際應用，須先定有原則，或練鎖拿，或練捆擠，因是類推。打法則示意而已。此原則之理，即以發展人身自具固有之良能，而合於拳法

應用，久之各種招勁均自然而成，無意而皆意，不法而皆法。如演練攻人之招，除以法進攻外，對於敵之來手，盡自然之能力防範。

演練防人之法，除依法防範敵之來手外，盡自然之能力，有隙即進攻之。總期發揮天賦自然之良能，而合於拳法所包之招勁，其效甚速。但學者若樂於對練實際應用之法演練，間有不演練拳路姿勢者，此則大誤。

拳路之編創，包羅富有，能盡通者為全才。相互演練應用不過為輔助功法，得一而遺萬，則不可也。所謂行功者，於演練姿勢而外，再求適當之輔助，而以之實施於應用，大成之道，仍在姿勢。

三、行功之法

行功者，演練拳勢時應注意之要目，必如何行之，而後有功也。此拳演習姿勢，約分二期。初學以極端開展，沉著有力為主，所以流通血脈，暢發筋肉，堅固骨骼。行之不懈，則百病自消，有力如虎，身健膽壯，可以致用。此為一期。繼則姿勢漸求緊湊，含蓄內勁。手眼身步，活潑靈敏，拳中著勁，發雖無形，動則有意，意至之處，著勁隨之，一靜一動之微，其變化莫測。日進不息，積以歲月其道大成，此為二期。能行純功者，一期二年，二期三年，約有五戴而有成。

至其輔助演練之法，隨時指導之宜，尤不可忽視之。昔人有言：「演練時無人如有人。」故演練時，應全力以

赴之。意之所至，情態逼真。武術之功行，不以學習之年數多少為標準。而視其能否用意及變動虛實之合理與否而判斷。練姿勢之年數雖多，而不明用意者，謂之盲練。除健身外，則別無功行之可言。

故不問其年數若何，自明晰招勁，出手有物之日起，始可計其功行。在練習之中，必須先明姿勢之用意，以其意，練其勢。練其勢必至意，相輔而行，合而為一。合則各行其妙，離則各失其效。故不可偏廢也。功行之道。必日有進步，方為正途。今日所不知，明日而知之。今日所不能至，下月而能之。無間斷之時，無歧路之誤，則三年者，千餘日也，不為不多矣，其功行能不成乎。所謂三年有成者，即指此也。

此拳演練與應用相合，為意尚多，今擇其要以分述之：

1. 拳

拳的形式，四指緊卷，以大拇指捺食指中節。平時走路或獨坐無事，即以法捲拳，由漸而緊，至拳緊力盡，徐徐伸放，兩掌相合。往復摩擦以活其筋骨血液。稍息片刻，復如法捲放。每日捲放不間，經久成為習慣，則拳形養成。初行此功法，時間過久則手指脹痛，動作不靈，惟以漸增加，至久成為習慣，而遂安之，不減其原日之靈妙也。行此功法時，捲鬆平正，指甲須常剪，兩臂須伸舒鬆靜，勿求效過急，以成為習慣，不害其他工作為主。至於演練時，則更應依法為之也。

拳的應用，向前者，為擊面、擊心、擊襠三者，即玄
關、中脘、下丹田，三穴也。世稱死穴，擊重則死。擊面
以立拳者，為撞勁，勁發自腰。以拳關節名為反背捶者，
為砸勁，為顛勁，勁發自肩臂。擊心之拳，為鑽勁，為
點勁，為衝勁，為滾切勁，勁發自全身，以身催臂，臂
催拳，一發而莫遏。擊襠之拳，為栽勁，為插勁，勁發
自脊。凡此前擊之拳，貴沉著，而忌太過。欲得機勢，宜
求之腰腿。向左右應用之拳，上擊頭部者，用拳底橫貫兩
臏，為貫勁，為砸勁，勁發自腰脊。

中擊腰肋者，為砸勁，勁發自肩背。中擊腕臂者，為
截勁，為砸勁，務須全身下擊。翻身向後，用拳下壓敵臂
者，為壓勁，為合勁，進則衝擊，退則截榨。拳法實施應
用，大抵如此，至各式變化，或挑、或格、或鉤、或攔，
則腕膊之勁始於足。舉一反三，無待贅述。

2. 掌

掌之形式與應用，抒手，前已詳述不計，在本拳法
中，依其勁名分之，約為撲勁、撇勁、摜勁、推按勁、擒
拿勁、搬扣勁、發勁、挑勁、摟勁、摸勁等。其形式依應
用而異。

前於解釋拳路，已分見其功法原理顧名思義。於演練
時，順其應用，求而得之。應本拳法用掌處，半主於撲、
擊、擒、拿，半主於誑誘驚敵，如取勝致果，仍專恃用
拳，故在各路中，掌法當屬虛招，此與用掌制勝之武術，
其立意原不同，非有所偏。本拳法在應用上，貴於專精，

而不恃多，此正短打法之獨到。

3. 步

　　用步之法，非有進無退，前後左右中，皆可變化移動。本拳法之步法，共分五步。向前應用，為盤旋步。重在鉤扣敵腿，上用拶手，下制敵步，為打無不中之計。近敵而後，即用沖步，前進後跟，所向披靡。翻身向後，斂步當先，以退為進，後即是前，左右開步，意在逼敵，愈近愈穩，貴有把握。榨身疊步，此為正中，遇敵倉促，變化在身，得勢即進。此五步者，前後左右中面面俱到，千變萬化，存乎其人。五步之中，亦有進而無退，此步法之真義也。所尤要者，用步須要下勢。不論其為乘騎步、弓箭步、沖步、斂步各種步式，為義則一。拳法、掌法、步法，之大略如此。其外指、腕、肩、臂、肘、胯、膝、足等之用，重在連貫相合，各盡其妙。

　　總之，發揮自然之本能。以就拳法，勿為拳法所圍者，為上乘。而其妙則在乎有意識之演練。凡有志於武功者，應刻苦鍛鍊，持之以恆，精研細磨，探索精微，以發揚光大之。

第六章

八翻手之輔助功法

八翻手拳路之創編，包羅富有。能盡通之者，蔚為全才，行功者于演練拳路姿勢外，再求適當之補助功法，以實施於實際應用。然八翻手之補助功法繁多。今擇其要述之，供學者選用。

一、內壯功法——熱身功

熱身功法，以動化靜，以靜運動，合乎陰陽，順乎五行，發其生機，神其變化，故能通和上下，分理陰陽，去舊生新，充實五臟，驅外感之諸邪，消內生之百病。補不足，瀉有餘，消長健康之道，妙應無窮。何須求醫服藥，自有卻病延年之實效，補助八翻手拳法，久習體力無形增進，轉弱為強，神經敏捷，智慧日增，望習者得此功法，潛心研磨，慎惜求益。

1. 調元熱身，強固腰腎

身體自然站立，兩腳平行與肩同寬，意念指導全身骨

節放鬆。繼之臍起從左向右沿帶脈腰輪平轉，後通命門，前通肚臍，轉九圈至肚臍時停，改為從右向左轉九圈。如此往復轉四次，共三十六圈，至肚臍處稍停。繼之改為前後輪轉三十六次。

即意導從肚臍向後直通命門，再向下至鳩尾向前上翻至肚臍為一圈，如此轉三十六圈至肚臍處稍停。再向下向後倒轉三十六圈，即由肚臍向下至會陰。通尾閭，向上至命門處，直前通肚臍，往復轉動至肚臍處稍停片時，意守丹田。

此刻應感到全身發熱為和。若不熱輪轉次數加次。若過熱或累，輪轉次數減少些，總期和於術數。

2. 吐納理氣，息息歸臍

身體自然站立，兩腳平行與肩同寬，意守丹田。全身放鬆命門後頂。俟呼吸自然均勻後，兩手掌心向上，由腹前徐徐托起，同時腹內收吐氣，兩手托至胸齊時，兩腕臂內旋至兩掌心相對，同時腹再收並提肛，且由肺部吸氣，至滿不容再吸時即呼氣，氣由鼻孔呼出，續前兩掌繼之旋翻至掌心向下，徐徐下落至臍下丹田處，腹鬆隨之自然外鼓納氣，繼之兩手掌心向體側左右微開展，且腹微內收，隨之兩手掌收落於體兩側，自然下垂，腹隨之微外突，為理氣一次，如此反覆連作七次。

前四次如上述單作，後三次兩掌托起後，連續旋翻三次，腹中之氣也隨之鼓蕩三次，再落下微鼓蕩微吐納，為理氣一次，共做七次為和，單行此功可練至四十九次為一

度，此功亦可在行站坐臥時，依法吐納理氣。以上介紹為站式。

3. 易筋沐浴，心死神活

身體自然站立兩腳平行與肩同寬。意導全身持常態，鬆靜自然。俟調息均勻。即繼以靜運動。兩手掌心向上，由腹前平托至胸前齊平，再向左右平擺至體兩側，臂與肩略平，隨以動化靜。身體外形鬆靜，只作內動，即吸氣時由肚臍推向命門腹收。呼氣時由命門推向肚臍腹鼓突，為一息一動，如此法往復作七次為七息七動，繼而吸氣時，手指捲曲緊握拳。呼氣時五指徐徐鬆放伸展為之一息一動，連續作七次。

訣曰，天王托塔寬心如意，此節意念專注自己，此刻心胸寬擴，如意舒服。且目內視心胸，面帶微笑。此為一節。

繼之兩掌向上托舉至頭頂上方處，兩掌指尖相對，掌心向上，上托掌時為吸氣，掌指相對時為呼氣，為一息一動，隨即兩掌翻為掌心向下，吸氣。徐徐下落至臍處呼氣。然後兩掌向體左右兩側外展吸氣，同時屈膝下蹲成馬步，兩掌按於兩膝外側呼氣，繼之形體不動，再內動吸呼四次為一度。

訣曰：霸王舉鼎，提心吊膽。三盤落地，放心踏實。此節意念先小心提防，後放心踏實。此七息七動為二節。

繼之兩掌向前，由膝下掌心向上撈抱，隨即身體起立，兩掌隨起身向上托舉至頭頂上方，掌心向前兩掌交叉

吸氣，隨即兩掌向左右兩側分展，自然落臂於體兩側，復
原勢站立，呼氣。為一息一動。

訣曰：海底撈月，落臂安舒。意在全身鬆舒安然。有
如洗澡後之感覺，全身輕鬆舒適，此為三節，三節練完，
可再返回一節，復作二度，根據自己身體時間等條件取
決，總以因人而異，和於術數為妥。

4. 脹拳怒目，定睛食綠

身體自然站立，兩腳平行與肩同寬，意導全身放鬆心
平氣和，繼之兩手指捲曲握拳，大拇指捺食指中節。拳心
向後，置於體兩側，貼近兩腿。吸氣腹收緊力，呼氣腹鼓
握力加增，為一息一動，如此反覆作七次，隨即吸氣腹收
兩臂曲肘，至拳於胸前時，手指徐徐鬆放，向前平推，與
肩平高同寬，即呼氣腹鼓。五指分展撐力。

繼之兩臂掌形不變，再吸氣腹收。同時兩腕臂內旋，
十指氣感依次相觸覺，呼氣時腕臂外旋，十指氣感觸覺分
離，為一息一動，連作七次為一度，隨之兩臂曲肘，兩掌
收於面前，即兩腕外翻掌使掌心向面，致掌內熱氣放射
面臉及兩目，稍停片時後，兩掌下落至胸前，沿兩腋下後
穿，順背部下落至腰腎處，兩掌後撐伸展。

繼之放鬆兩掌移至腹臍處，左掌心向內撫以腹臍，右
掌心向內撫于左掌背，稍停片時，要平心靜氣，調息至均
勻，慢仍為深呼吸，繼之吸氣腹收兩手掌上舉頭上方，呼
氣腹鼓兩臂分左右鬆落至兩腿外側，自然下垂。注意呼氣
時，怒目瞪睛，吸氣時定睛食綠，將目視之綠色物品，食

入眼內。此為四節。

5. 充盈丹田，八脈暢通

身體自然站立，兩腳平行與肩同寬，體持常態。靜心氣和，呼吸自然，意念隨兩掌移動線路運動，目視近處，神內斂。繼之兩掌移至腹前，掌心向內撫腹臍處，隨即沿帶脈左右分撫至腰後命門處，繼沿臀部兩側，順腿外側彎腰下撫至兩腳面，指尖向前，掌心向下，按住腳面，抻腰七次。隨即兩掌移於腳腿內側，向上撫移，同時起腰撫至腹臍處，稍停片時，再沿帶脈左右分撫至腰側，即握拳抱於腰兩側。

繼之變掌向左右分伸並向上托舉于頭頂上方，兩掌心向上伸臂，續以兩掌心向下，徐徐按落至胸部，再變為掌心向內，撫胸下移至腰間。再沿帶脈向前兩掌內撫於腹臍處，稍停片時，此為一次，續作七次為度，此為五節。

二、外壯功法——肢體功

八翻手的的外壯補助功法，是以其主要步形步法，站樁用勢，依法鍛鍊。使人體之內氣鼓蕩與地氣共振，合氣入地足下生根。且配合上肢拳掌的運動，使陽氣上升，構成陰陽相濟，天人合一之形態。以達形姿整，氣勁整，神意整，動靜合一之境界。

練法應以運動之次數規定，求功夫長進之鍛鍊。學者可依自身條件進行練習，不可過量以致傷損，亦不可運動

量不足影響效能，仍保持和於術數，有益漸進康健。

1. 馬步樁戀肘沖拳

身體自然站立，左腳向左側橫開一步略寬於肩，屈膝下蹲，兩大腿成水平狀或高作乘騎馬步勢均可，兩拳抱於兩腰側，鬆胸實腹呼吸自然。繼以左肘尖向上，向右戀合，使左肘尖移於中脘處，體稍向右撐，並以左肘尖觸肋腋向身後頂肘，使拳落於腰肋處，體復向左撐。續之左拳作俯拳，向正前方沖拳。

隨之以腳蹬地腰右撐，發力助勁達拳端。右拳肘依左法相同，唯沖時收復左拳，如此戀肘沖拳往復百次為度。

2. 仆步開襠樁，弓步沖拳

身體自然站立，兩手抱拳於腰肋，左腳向左側橫開一大步，右腿屈膝下蹲成左仆步勢，同時左拳作掌自左腰處，向左腳跗面上，向左摟摸。繼之左腿屈膝右腿伸直成左弓步，左手收于左腰側成拳，右拳從右腰側向左前方沖拳，拳眼向上高與胸平。

續之體右撐轉，右拳變掌向右腳跗面上，向右摟摸，右腿屈膝，左腿伸直成右弓步。右手收于右腰側成拳，左拳從左腰側，向右前方沖拳，拳眼向上，高與胸平。如法往復練演左右各三十六次為度。

3. 五步連環樁功法

身體自然站立兩手抱拳於腰肋，左步向左橫開一步，

作乘騎馬步樁,繼之體左轉,左腳尖虛點地面,左臂屈肘,向內格攔,左拳高於鼻,拳心向裡,肘尖膝尖相對,左腳向右腳外側插步成交叉疊步,同時左拳反背向左前方顛砸,且兩膝下蹲成歇步。

續以體右轉,右腳向右側撤一大步成右仆步,右拳變掌探摸右腳跗面,並向右摟摸,右腿屈膝,左腿蹬直成右弓步,隨之左拳向右前方沖拳,拳眼向上,體後移左腿屈膝成馬步樁,隨之左拳撤收於頭前上方,右拳向右側方沖拳,成馬步架沖拳勢,稍停兩拳收落於腰肋,復原為乘騎馬步樁,接第二動,右腳虛步,右臂合肘格攔。

再以體右轉,右腳向左腳外側插步,成交叉疊步,再以右拳反背向右前方顛砸,且兩膝下蹲成歇步,續之體左轉,左腳向左側撤一大步,成左仆步,左拳變掌探摸左腳跗面,並向左摟摸,左腿屈膝,右腿蹬直成左弓步,隨之左掌握拳收於左腰肘,右拳向左前方沖拳,拳眼向上,體後移右腿屈膝成馬步樁,隨之右拳收撤於頭前上方,左拳向左前方沖拳,成馬步架沖拳勢,如此左右往復演練三十六次為一度,注意每變步沖拳後,定勢調息三次,即作三次深呼吸,吸氣時須鬆疏空脹,呼氣時必充實抻長,漸增至六次,再增至九次為度。

4. 榨身變步樁

身體自然站立,兩腳平行與肩同寬,兩手抱拳於腰肋處,左腳提起向右跨一步,落於右腳右側外,左膝微屈,右腿自然伸直成蓋步交叉勢,體向右傾斜。同時兩拳變掌

自腹前向左右兩側伸探，左掌探于左側胯下方，右掌探於右側斜上方，掌高與頭平。目視左掌，稍停呼吸一次，成青龍探爪勢。

繼以兩掌握拳，體右轉一周，兩拳隨體轉掄砸，成歇步；右拳收於右腰肋處，左拳砸於腹前，肘貼近腹部，稍停呼吸一次，續以左腳前進一步，兩拳前後平沖，成一字捶勢，第二動，動作同前，唯左右方向相反。如此法往復演練三十六次，為一度。

5. 五角步行功法

身體自然站立，兩腿屈膝微蹲，兩手握拳抱於腰肋處，右腳向右橫跨一步，左腳隨之跟於右腳內側併攏，同時右手變掌隨右步向右格攔落於腹前，左手變掌向右橫攔於右肩前。

如法向右連走三步。左腳向左連走三步，動作與右相同，唯左右方向相反。右腳向右後方斜撇一步，左腳隨之跟退一步，落於右腳前內側，同時右手掌向左格攔於左肩前，左手掌自右掌下向前穿掌刁捋。

如法連撇退三步。左腳向左後撇步。動作與右相同，唯左右方向相反。右腳前進一步，左腳隨之跟進一步，腳落於右腳後內側，併攏，同時左手掌自左向右格攔，右手掌自左掌下穿掌向前刁捋。

如法連走三步。左腳前進一步，動作與右相同，唯左右方向相反。此行步法前、後、左、右，走法隨意引領互變，不限形式，但稱五角步行功法，是要依五角形線路走

五角步行功法圖示

練。左右先後隨意。

6. 外壯三袋功

（1）扔砂袋刁握功，是為了增強臂力與手指的刁抓勁，握力，並為訓練緩衝各方面的直接衝力。和練習刁握準確性的綜合練習。

（2）吊袋撞擊功，為掌握四肢的打、撞、推、按、肘、靠、膀、擠、擲、踢、踹、膝頂、胯靠，勾、甩、撩、擺等掌、拳、腿、腳的用法和勁法的摔打鍛鍊。

（3）條袋拍打功，為增強和改變四肢、胸、腹部肌肉的功能，使肌肉筋腱的組織堅實有力，以能承受衝擊撞打能力的拍打功練習。

7. 獨立樁功法

身體自然站立，鬆胸實腹，意注丹田，游移左腳，右腳提起，兩臂自然下垂，或隨獨立平衡擺撐。右大腿成水平，以膝關節為軸，小腿左右轉繞圓圈，搖動，以數計算功量，漸進漸增，因人而異。

而後變為以膝關節為軸，左右前後搖擺小腿隨以膝為軸，伸、屈、彈、勾自如，計數不足，不要落地。兩腿腳左右互換。功法動作相同。

三、實際應用法

八翻手拳法，以捋手當先，捋手之法，必符合實際應用之準確，接手必捋，快接快捋，慢接慢捋。捋手之功法練成，其餘招法運用不費心機自成也。因此必須兩人練演習，以合於實際之法。其竅要，即太極精義，沾粘連隨四字也。學者要在剛柔相濟之中抉取。

1. 刁捋手壓腕（圖6－1～圖6－3）

當拳式演練完畢之後，以一定時間學者甲乙兩方（甲黑衣，乙白衣）對面相向，間以適當之距離，抱拳於腰側，作乘騎馬步勢。甲起左手以拳或掌，向乙面部探擊，乙隨即逆甲之勢，乘接甲之來手上掤，化甲之前衝之勁，甲乙兩腕交叉相搭，高過於頭。繼之雙方腕臂內翻以掌刁捋對方手腕，在雙方互向下捋時，彼此身體向下坐勁，兩

腕要有後伸之勁，捋下至肘貼
肋側。但不要伸捋過勁，以免
互相脫腕而仰跌。左右依次互
換練習，計數漸增日進功長。

　　此功法馬步可練下盤樁
功，接手演練沾粘連隨，捋手
壓腕，可使手腕練得順適有
力，體悟懂得捋手之發勁。

圖 6 - 1

圖 6 - 2

圖 6 - 3

2. 單捋手左式（圖 6 - 4、圖 6 - 5）

　　甲乙兩人側身相向站立。各以左腳在前，兩人前腳內
側相靠。兩人左手上舉，兩腕交叉相搭。捋者甲，由上向
下向左後振勁而捋，被捋者乙，不要故意將臂伸勁有力，
而要放鬆膀臂，任捋者隨意捋之。

岳氏八翻手

捋畢，捋者甲鬆勁，被捋者乙，體悟感覺對方之鬆勁時，兩人同時兩手上舉，變乙為捋者，甲為被捋者，依法演練。雙方各捋若干次後，換右腿，練右單捋手式，動作相同，唯左右方向相反。

久之，懂勁之後，要做到捋者須存必捋之心，被捋者，要有必防之意。亦稱餵勁練習。亦可以上步單捋，或退步單捋，也可以兩人活步互捋而練。唯不得摻以其他手法，此乃練習實際應用捋手之一法也。

圖 6 — 4　　　　　　　圖 6 — 5

3. 雙捋手左式（圖 6 — 6 ～ 圖 6 — 8）

甲乙兩並步對面站立。甲起右手向乙面部探掌，乙以右手掌抵接甲之手腕，雙方兩右手於頭前上方交叉相搭，甲撤右腳，左腳前移，以右手捋拿乙右腕，向右下方捋拿，且以左手輔助下按，至腹前時，左手上提以撇面掌擊

232

乙之面部。

　　乙隨以左手抵接甲之左腕；甲左手掌翻手捋乙之左腕，右手輔助捋乙右肘處。同時左腳後撤一大步，雙手向左下方捋乙之左臂，乙隨之左腳前進一大步，以肩背靠甲身體。

　　甲隨即鬆捋拿勁，意在提手擊乙面部。乙感覺左腕輕鬆，即提左腕沾粘甲左手腕，並後撤左腳一步，雙手捋甲左臂向己左下方捋甲。甲隨之左腳前進一步，以肩背靠乙身體。如法往復練習若干次。便換右式演練。右式動作相同，唯左右方向相反。

圖 6 - 6

圖 6 - 7　　　　　　　圖 6 - 8

233

4. 單撵手，平圓推揉法右式（圖6-9、圖6-10）

甲乙兩人相對立，間以適當之距離，各以右腳向前踏出一步，右手自右向前胸心伸探，兩手腕背相貼交叉作勢。甲右手掌背下壓乙右腕，向乙胸前擠推。乙屈右肱手向己懷後撤翻掌退挴作半圓形，手腕經左肩下向右運行至胸骨前，身向後坐，肘下垂，手腕外張，還壓甲腕，再向甲胸前擠推，如法甲乙往復推揉，待臂腿困累時，再換左式。左右動作相同，唯方向相反。

圖 6 - 9　　　　　　圖 6 - 10

5. 單撵手立圓推法（圖6 - 11、圖6 - 12）

甲乙兩人相對立，各右腳前踏一步，各以右手向前伸舉，兩手腕背相貼，交叉搭手。甲以右手掌緣下切乙腕，

指尖向乙腹部前指，乙屈肱隨甲之切勁，由下退揉，劃下半圓形，經右肋旁上提至右耳側。伸臂前指甲額，作上半圓形。甲身向後坐，屈右肱手貼乙腕，隨其動作，向身側下領，至肋旁作前推勢。

　　如法往復劃立圓練習。劃立圓時可作順、逆方向運動。左手相搭動作相同，唯左右方向相反。

圖 6 － 11　　　　　　圖 6 － 12

6. 雙搆手平立圓走化法（圖 6 － 13 ～圖 6 － 16）

　　兩人相對立，各右腳前踏一步，各右手向前伸舉，兩手腕背相貼，交叉搭手。

　　（1）甲以左手助右手下按乙腕臂，至腹前，即以左手以撇面掌擊乙面部。

　　（2）乙即以左手抵甲左腕，切腕前推。

　　（3）甲坐身平圓退揉，右手托護乙左肘。以兩手按

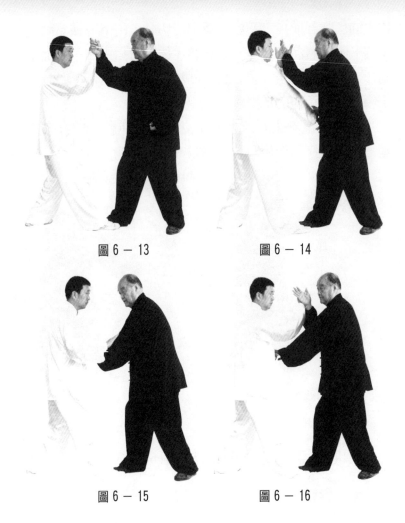

圖 6－13　　　　　　圖 6－14

圖 6－15　　　　　　圖 6－16

乙臂前推。

　　（4）乙坐身平圓退揉，右手托甲左肘，下按甲左
臂，同時右手以撇面掌擊甲面部，同甲（1）動作。甲以
右手抵乙右腕切腕前推，同乙（2）動作。乙坐身平圓退

揉，左手托護甲右肘，以兩手按甲臂前推，同甲（3）動作。甲坐身平圓退揉，左手托甲右肘，下按乙右臂，同時以左手撤面掌擊乙面部，復為甲（1）動作。如法往復練習。運動中退揉平立圓無定式，依隨勁隨意而走化擊打撞揉。

　　實際應用各功法練習，力求自然，兼能發揮自身本能，而合乎拳法。出手隨心所欲，攻防自如，法無定規，不法皆法，任意而行之也。

　　以上功法，應依法堅持，刻苦鍛鍊，在實際中悟徹訣要，功到自成，勿半途而廢，功虧一簣，豈不惜哉？

太極武術教學光碟

太極功夫扇
五十二式太極扇
演示：李德印 等
(2VCD)中國

夕陽美太極功夫扇
五十六式太極扇
演示：李德印 等
(2VCD)中國

陳氏太極拳及其技擊法
演示：馬虹(10VCD)中國
陳氏太極拳勁道釋秘
拆拳講勁
演示：馬虹(8DVD)中國
推手技巧及功力訓練
演示：馬虹(4VCD)中國

陳氏太極拳新架一路
演示：陳正雷(1DVD)中國
陳氏太極拳新架二路
演示：陳正雷(1DVD)中國
陳氏太極拳老架一路
演示：陳正雷(1DVD)中國
陳氏太極拳老架二路
演示：陳正雷(1DVD)中國
陳氏太極推手
演示：陳正雷(1DVD)中國
陳氏太極單刀‧雙刀
演示：陳正雷(1DVD)中國

郭林新氣功
(8DVD)中國

本公司還有其他武術光碟
歡迎來電詢問或至網站查詢
電話：02-28236031
網址：www.dah-jaan.com.tw

原版教學光碟

歡迎至本公司購買書籍

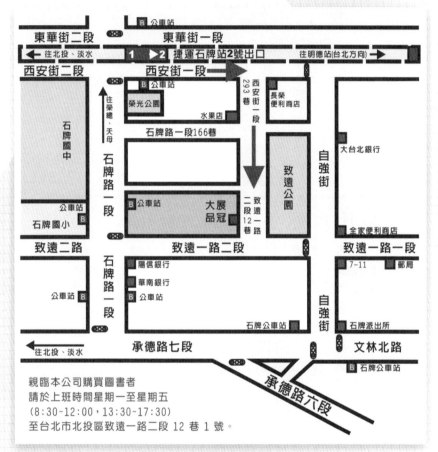

親臨本公司購買圖書者
請於上班時間星期一至星期五
(8:30~12:00,13:30~17:30)
至台北市北投區致遠一路二段 12 巷 1 號。

建議路線
1.搭乘捷運・公車
　　淡水線石牌站下車,由石牌捷運站2號出口出站(出站後靠右邊),沿著捷運高架往台北方向走(往明德站方向),其街名為西安街,約走100公尺(勿超過紅綠燈),由西安街一段293巷進來(巷口有一公車站牌,站名為自強街口),本公司位於致遠公園對面。搭公車者請於石牌站(石牌派出所)下車,走進自強街,遇致遠路口左轉,右手邊第一條巷子即為本社位置。

2.自行開車或騎車
　　由承德路接石牌路,看到陽信銀行右轉,此條即為致遠一路二段,在遇到自強街(紅綠燈)前的巷子(致遠公園)左轉,即可看到本公司招牌。

國家圖書館出版品預行編目資料

岳氏八翻手／劉篤義　著
——初版——臺北市，大展，2013〔民102.08〕
面；21公分——（武術特輯；143）
ISBN 978-957-468-966-8（平裝；附影音光碟）
1. 拳術 2. 中國
528.972　　　　　　　　　　102011244

【版權所有・翻印必究】

岳氏八翻手 附VCD

著　　者／劉　篤　義
責任編輯／王　躍　平
發 行 人／蔡　森　明
出 版 者／大展出版社有限公司
社　　址／台北市北投區（石牌）致遠一路2段12巷1號
電　　話／(02) 28236031・28236033・28233123
傳　　真／(02) 28272069
郵政劃撥／01669551
網　　址／www.dah-jaan.com.tw
E-mail／service@dah-jaan.com.tw
登 記 證／局版臺業字第2171號
承 印 者／傳興印刷有限公司
裝　　訂／承安裝訂有限公司
排 版 者／千兵企業有限公司
授 權 者／山西科學技術出版社
初版1刷／2013年（民102年）8月
定　　價／300元

●本書若有破損、缺頁請寄回本社更換●

大展好書　好書大展
品嘗好書　冠群可期